時こくと時間①

次の㋐、㋑の時こくを書き、㋐と㋑の間の時間㋒をもとめましょう。

① 5月3日の午前です。

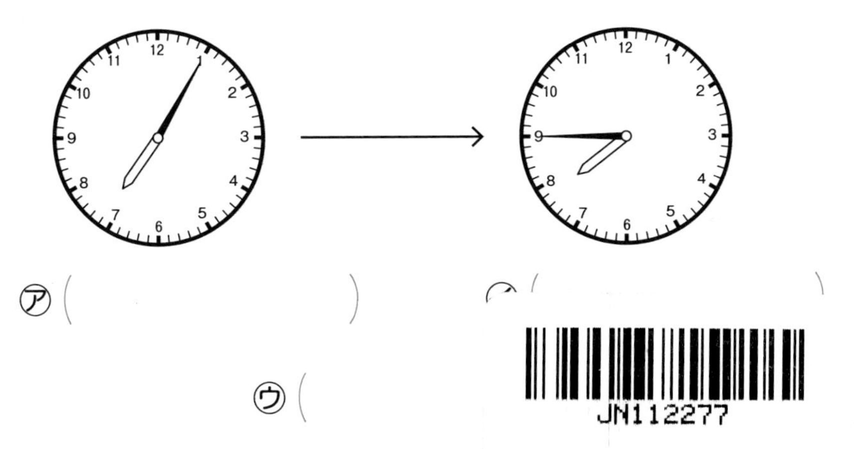

㋐（ ） ㋑（ ）

㋒（ ）

② 5月5日の午後です。

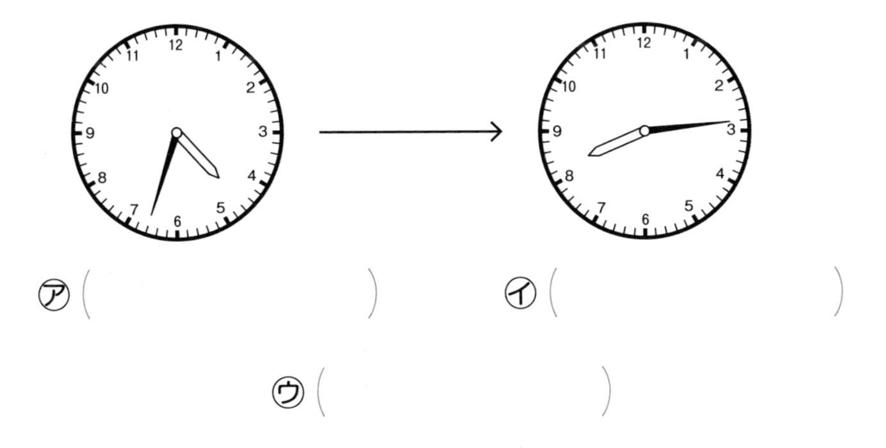

㋐（ ） ㋑（ ）

㋒（ ）

1日を24時で表すと、午前7時5分は7時5分だよ。午後4時33分は16時33分になるよ。

時こくと時間 ②

月　日

正答数　問／7問

1　1時間は60分です。①は何分に、②は何時間何分に直しましょう。

① 1時間20分　　　　（　　　　）

② 158分　　　　（　　　　）

2　次の時間を何分何秒に直しましょう。

① 220秒　　　　（　　　　）

② 405秒　　　　（　　　　）

3　次の時間を何秒に直しましょう。

① 2分　　　　（　　　　）

② 3分10秒　　　　（　　　　）

4　中学生の兄は、午前7時20分に家を出て野球の練習に行きました。そして、午後1時40分に家に帰ってきました。

兄が家を出てから家に帰ってくるまでの時間は何時間何分ですか。

（　　　　）

算数では「時こく」と「時間」ということばを使うよ。答えの書き方がちがうから、よく見て答えよう。

円と球 ①

1　同じ直径（ちょっけい）の円が、図のように7こならんでいます。点㋐から点㋑までの長さは20cmでした。

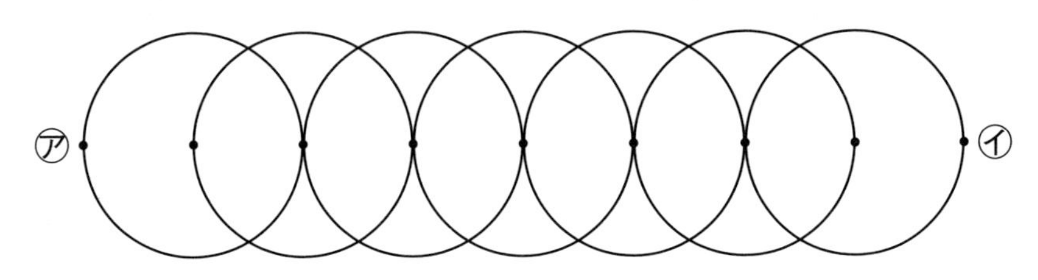

①　1つの円の直径は、何cmですか。

（　　　　　　　）

②　1つの円の半径は、何cm何mmですか。

（　　　　　　　）

2　大きい円の中に、半径1cmの小さい円が3つならんでいます。

大きい円の直径は、何cmですか。また、大きい円の半径は、何cmですか。

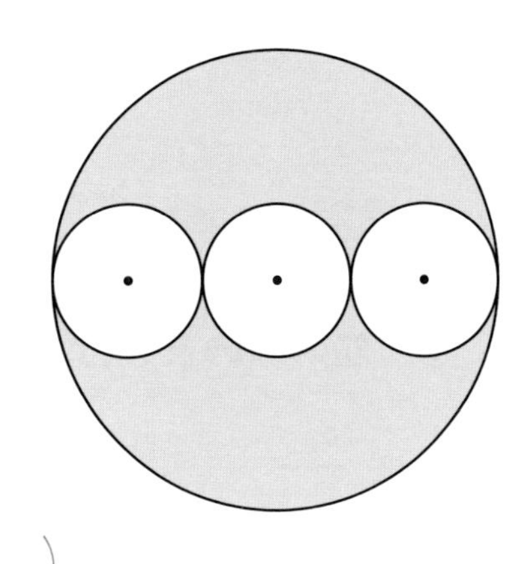

直径（　　　　　　）　半径（　　　　　　）

1も2も円の形で数えると直径がわかるよ。半円ずつで数えると半径がわかるね。

4 円と球 ②

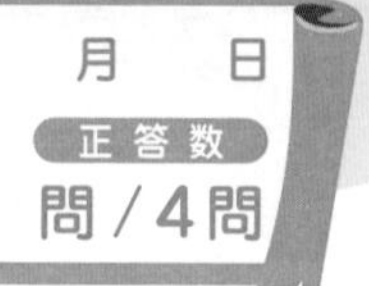

1 半径3cmのボールが箱の中にきちんと入っています。

① 箱のたての長さは、何cmですか。

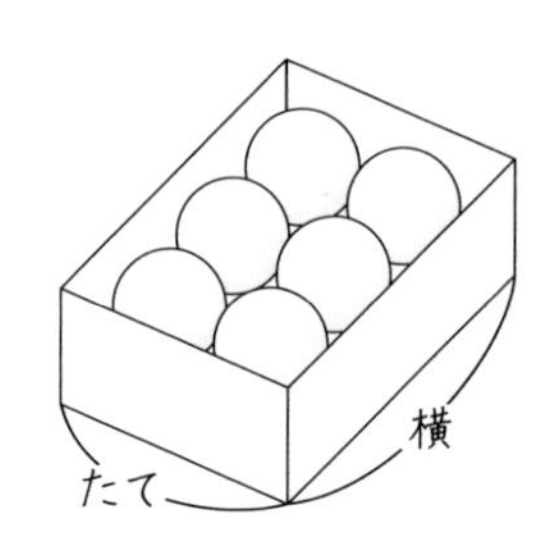

（　　　　　　）

② 箱の横の長さは、何cmですか。

（　　　　　　）

2 同じ大きさのボールが箱の中にきちんと入っています。

① ボールの半径は、何cmですか。

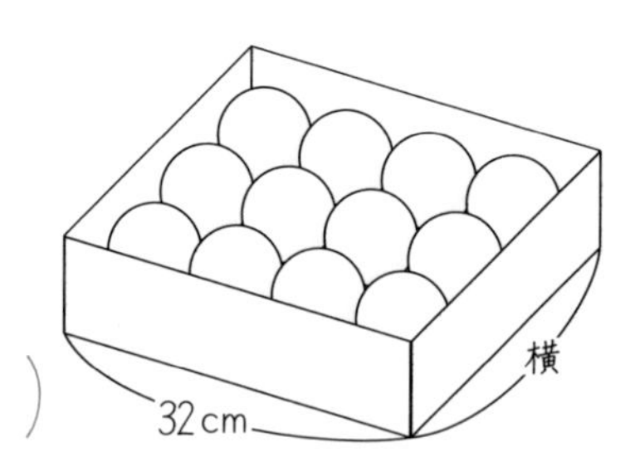

（　　　　　　）

② 箱の横の長さは、何cmですか。

（　　　　　　）

半径3cmなら直径は6cm、直径が8cmなら半径は4cmだね。直径は半径に2をかけた数とおぼえよう。

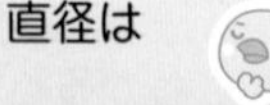

5 3けたのたし算 ①

月　日

正答数　問／2問

1　夏木さんは、216円のノートと103円のボールペンを買いました。あわせて何円ですか。

216円	103円

（　　　）

式

（計算）

答え

2　冬野さんは、155円のボールペンと、583円のシャープペンシルを買いました。あわせて何円ですか。

155円	583円

（　　　）

式

（計算）

答え

3けたの数の文章問題は、ねだんを使うものが多いよ。自分でも問題をつくってみよう。

3けたのたし算 ②

月　日

正答数　問 /12問

次(つぎ)の計算をしましょう。

①
	2	4	7
+	4	5	0

②
	1	4	6
+	4	2	3

③
	3	0	4
+	2	0	5

④
	3	1	4
+	2	6	3

⑤
	5	2	3
+	1	2	6

⑥
	4	3	5
+	2	3	1

⑦
	4	1	3
+	2	4	9

⑧
	6	2	8
+	2	5	9

⑨
	3	0	5
+	4	3	7

⑩
	5	3	6
+	1	8	3

⑪
	4	6	2
+	1	7	5

⑫
	3	9	4
+	2	8	3

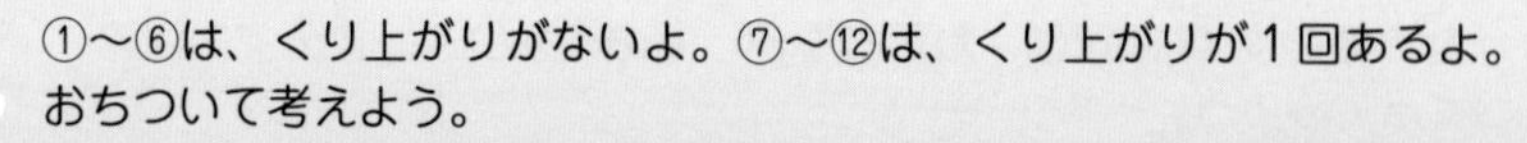

①〜⑥は、くり上がりがないよ。⑦〜⑫は、くり上がりが１回あるよ。
おちついて考えよう。

7 3けたのたし算 ③

月　日
正答数
問／2問

1　春野さんは、365円のはさみと375円のホッチキスを買いました。あわせて何円ですか。

365円	375円

（　　　）

式（しき）

（計算）

答え

2　秋山さんは、278円のピーナッツと425円のせんべいを買いました。あわせて何円ですか。

278円	425円

（　　　）

式

（計算）

答え

1は、くり上がりが２回あるよ。2は、一のくらいからくり上がった「１」で、十のくらいもくり上がるから、２だんくり上がりになるよ。

8 3けたのたし算 ④

月　日

正答数

問 /12問

次(つぎ)の計算をしましょう。

①
$$\begin{array}{r} 367 \\ +\ 187 \\ \hline \end{array}$$

②
$$\begin{array}{r} 458 \\ +\ 279 \\ \hline \end{array}$$

③
$$\begin{array}{r} 397 \\ +\ 168 \\ \hline \end{array}$$

④
$$\begin{array}{r} 274 \\ +\ 578 \\ \hline \end{array}$$

⑤
$$\begin{array}{r} 497 \\ +\ 376 \\ \hline \end{array}$$

⑥
$$\begin{array}{r} 348 \\ +\ 597 \\ \hline \end{array}$$

⑦
$$\begin{array}{r} 296 \\ +\ 637 \\ \hline \end{array}$$

⑧
$$\begin{array}{r} 362 \\ +\ 548 \\ \hline \end{array}$$

⑨
$$\begin{array}{r} 287 \\ +\ 223 \\ \hline \end{array}$$

⑩
$$\begin{array}{r} 283 \\ +\ 419 \\ \hline \end{array}$$

⑪
$$\begin{array}{r} 495 \\ +\ 308 \\ \hline \end{array}$$

⑫
$$\begin{array}{r} 246 \\ +\ 354 \\ \hline \end{array}$$

①～⑨は、くり上がりが２回だよ。⑩～⑫は、２だんくり上がりだよ。
「くりくり上がり」ともいうよ。

9 3けたのひき算 ①

月　日

正答数 問／2問

1 東さんは、580円持っています。220円の電車のきっぷを買いました。のこりは何円ですか。

580円

220円	(　　)

(計算)

式

答え

2 西さんは、630円持っています。150円のパンを買いました。のこりは何円ですか。

630円

150円	(　　)

(計算)

式

答え

3けたのひき算は、自分で買い物するときに使えるね。

3けたのひき算②

月　日

正答数　問 /12問

次(つぎ)の計算をしましょう。

① $956 - 304 =$

② $569 - 423 =$

③ $604 - 204 =$

④ $476 - 234 =$

⑤ $598 - 375 =$

⑥ $487 - 241 =$

⑦ $917 - 446 =$

⑧ $807 - 452 =$

⑨ $683 - 376 =$

⑩ $625 - 417 =$

⑪ $539 - 162 =$

⑫ $448 - 173 =$

①～⑥は、くり下がりがないよ。⑦～⑫は、くり下がりが１回あるよ。おちついて考えよう。

3けたのひき算 ③

1 北口さんは、532円持っています。258円のスティックのりを買いました。のこりは何円ですか。

532円

258円	(　　)

（計算）

式

答え

2 野口さんは、610円持っています。355円のコンパスを買いました。のこりは何円ですか。

610円

355円	(　　)

（計算）

式

答え

くり下がり２回の計算だよ。ねだんの数字がこまかいから、おちついて考えよう。

3けたのひき算 ④

月　日

正答数

問 /12問

次(つぎ)の計算をしましょう。

①
	9	4	5
−	5	9	7

②
	6	5	2
−	2	9	6

③
	7	7	4
−	3	8	5

④
	6	1	3
−	2	6	7

⑤
	5	6	7
−	2	7	8

⑥
	8	6	0
−	4	6	2

⑦
	8	0	2
−	3	8	5

⑧
	7	0	3
−	4	1	7

⑨
	9	0	0
−	3	8	4

⑩
	5	0	3
−	1	6	7

⑪
	7	0	0
−	2	8	8

⑫
	6	0	1
−	5	8	6

①～⑥は、くり下がりが「2回」だよ。⑦～⑫は、2つ上のくらいからくり下がる「2だんくり下がり」、「くりくり下がり」ともいうよ。

4けたの計算 ①

4けたのたし算にチャレンジしましょう。

①

	4	2	3	8
+	4	5	4	0

②

	6	4	1	3
+	2	5	7	2

③

	2	5	3	6
+	7	4	3	2

④

	2	6	4	7
+	3	9	1	3

⑤

	4	7	2	6
+	2	6	3	8

⑥

	5	7	3	9
+	1	7	4	2

⑦

	7	2	6	4
+	6	3	9	4

⑧

	4	5	8	2
+	9	1	5	4

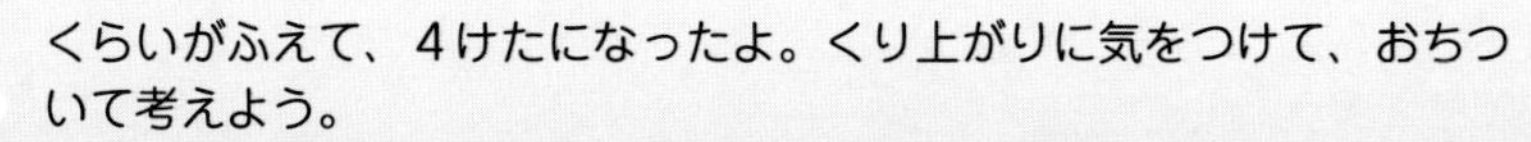

4けたの計算 ②

月　日

正答数　問／8問

4けたのひき算にチャレンジしましょう。

①

	8	7	7	8
−	4	5	4	0

②

	8	9	8	5
−	6	4	1	3

③

	9	9	6	8
−	2	5	3	6

④

	9	7	3	6
−	7	1	5	4

⑤

	8	6	5	8
−	7	2	6	4

⑥

	6	5	6	0
−	3	9	1	3

⑦

	7	3	6	4
−	5	6	3	8

⑧

	7	4	8	1
−	1	7	4	2

くらいがふえて、4けたになったよ。くり下がりに気をつけて、おちついて考えよう。

わり算①

1　56cmのテープを、同じ長さで7つに切ります。1つの長さは、何cmになりますか。

式

答え ＿＿＿＿＿＿

2　28人を、同じ人数の4つのグループに分けます。1グループは、何人になりますか。

式

答え ＿＿＿＿＿＿

3　48このキャラメルを6人に同じ数ずつ分けます。1人分は、何こになりますか。

式

答え ＿＿＿＿＿＿

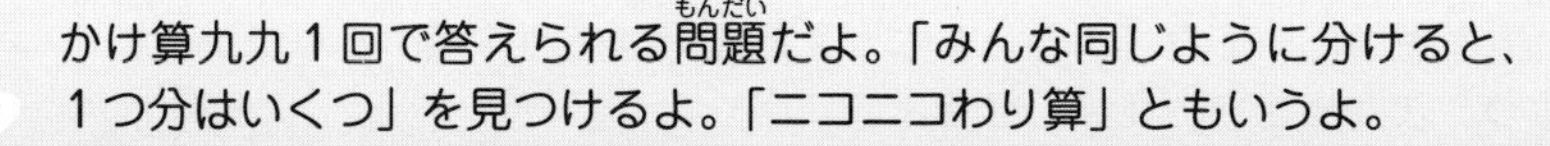

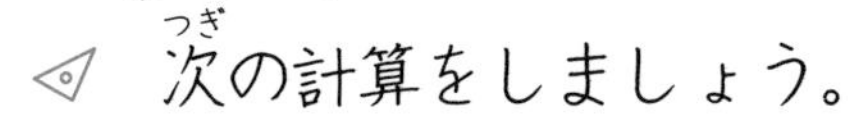

わり算 ②

次(つぎ)の計算をしましょう。

① $24 \div 8 =$

② $35 \div 5 =$

③ $54 \div 9 =$

④ $6 \div 2 =$

⑤ $36 \div 9 =$

⑥ $16 \div 8 =$

⑦ $15 \div 5 =$

⑧ $36 \div 4 =$

⑨ $21 \div 7 =$

⑩ $48 \div 6 =$

⑪ $27 \div 9 =$

⑫ $28 \div 4 =$

⑬ $48 \div 8 =$

⑭ $12 \div 3 =$

⑮ $14 \div 7 =$

⑯ $30 \div 6 =$

⑰ $64 \div 8 =$

⑱ $81 \div 9 =$

⑲ $16 \div 2 =$

⑳ $27 \div 3 =$

九九を思い出して考えよう。まちがえた問題(もんだい)はもう１回、チャレンジしよう。次からまちがえなくなるよ。

わり算③

1　36本のキクの花を、６本ずつたばにします。キクの花たばは、何たばできますか。

式

答え ＿＿＿＿＿＿＿＿

2　30このクッキーを、ふくろに6こずつ入れました。クッキー入りのふくろは、何ふくろできますか。

式

答え ＿＿＿＿＿＿＿＿

3　72このキャラメルがあります。１人に８こずつ配ると何人に配ることができますか。

式

答え ＿＿＿＿＿＿＿＿

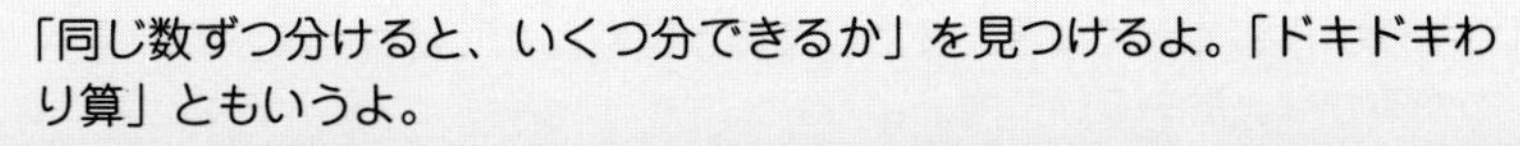
「同じ数ずつ分けると、いくつ分できるか」を見つけるよ。「ドキドキわり算」ともいうよ。

18 わり算 ④

月　日

正答数　問 /20問

次(つぎ)の計算をしましょう。

① $45 \div 9 =$

② $56 \div 8 =$

③ $49 \div 7 =$

④ $36 \div 6 =$

⑤ $40 \div 5 =$

⑥ $18 \div 3 =$

⑦ $42 \div 7 =$

⑧ $72 \div 9 =$

⑨ $40 \div 8 =$

⑩ $25 \div 5 =$

⑪ $32 \div 4 =$

⑫ $63 \div 7 =$

⑬ $21 \div 3 =$

⑭ $54 \div 6 =$

⑮ $18 \div 9 =$

⑯ $32 \div 8 =$

⑰ $24 \div 4 =$

⑱ $42 \div 6 =$

⑲ $35 \div 7 =$

⑳ $72 \div 8 =$

九九を思い出して考えよう。５でわる問題(もんだい)はかんたんだね。ほかの問題もわかるかな。おちついて考えよう。

19

月　日

正答数

問／3問

あまりのあるわり算①

1　26このクッキーを4人に同じ数ずつ分けると、1人分は何こで、何こあまりますか。

式(しき)　26÷4＝6あまり2

答え

2　カード46まいを8列(れつ)に同じ数ずつならべると、1列に何まいで、何まいあまりますか。

式

答え

3　45このキャラメルを1人6こずつ配(くば)ると、何人に配れて、何こあまりますか。

式

答え

みんな同じように分ける「ニコニコわり算」と、同じ数ずつ分ける「ドキドキわり算」の問題(もんだい)だよ。問題をよく見て考えよう。

20

あまりのあるわり算 ②

月　日

正答数　問 /20問

次の計算をしましょう。

① 17÷2＝　…

② 41÷8＝　…

③ 66÷8＝　…

④ 11÷2＝　…

⑤ 25÷4＝　…

⑥ 69÷9＝　…

⑦ 39÷6＝　…

⑧ 34÷4＝　…

⑨ 83÷9＝　…

⑩ 39÷5＝　…

⑪ 59÷7＝　…

⑫ 43÷6＝　…

⑬ 23÷4＝　…

⑭ 67÷9＝　…

⑮ 39÷8＝　…

⑯ 48÷9＝　…

⑰ 25÷7＝　…

⑱ 25÷8＝　…

⑲ 57÷9＝　…

⑳ 28÷6＝　…

あまりは、ここでは「…」としているよ。あまりの数は、わる数より小さくなるから、問題をといたらかくにんしよう。

あまりのあるわり算 ③

月　日
正答数
問／3問

1　31日間は、何週間と何日ですか。

式(しき)

答え

2　53このクリを8人で同じ数ずつ分けると、1人分は何こで、何こあまりますか。

式

答え

3　40このアメを1人6こずつ配(くば)ると、何人に配れて、何こあまりますか。

式

答え

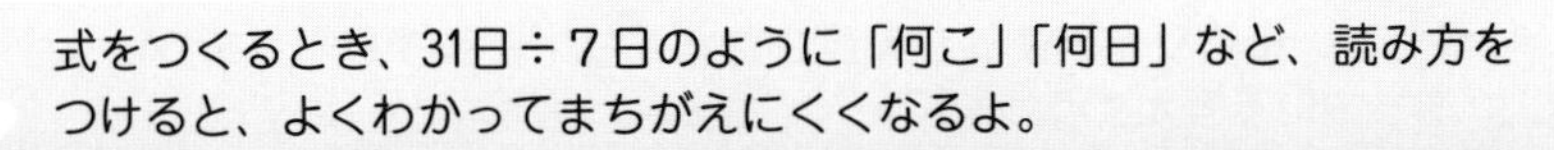

式をつくるとき、31日÷7日のように「何こ」「何日」など、読み方をつけると、よくわかってまちがえにくくなるよ。

あまりのあるわり算 ④

月　日

正答数 問 /20問

次(つぎ)の計算をしましょう。

① $12 \div 9 =$ …

② $50 \div 7 =$ …

③ $52 \div 7 =$ …

④ $33 \div 9 =$ …

⑤ $50 \div 9 =$ …

⑥ $31 \div 7 =$ …

⑦ $11 \div 6 =$ …

⑧ $52 \div 8 =$ …

⑨ $22 \div 9 =$ …

⑩ $40 \div 6 =$ …

⑪ $20 \div 7 =$ …

⑫ $43 \div 9 =$ …

⑬ $71 \div 8 =$ …

⑭ $20 \div 6 =$ …

⑮ $24 \div 9 =$ …

⑯ $61 \div 8 =$ …

⑰ $52 \div 6 =$ …

⑱ $23 \div 8 =$ …

⑲ $62 \div 9 =$ …

⑳ $50 \div 6 =$ …

この問題(もんだい)は、あまりを出すときのひき算がくり下がるから、気をつけて！ おちついて考えよう。

23 大きい数 ①

次(つぎ)の数直線の数を（　　　）に書きましょう。

0　100

㋐（　　　）　㋑（　　　）

0　1000

㋒（　　　）　㋓（　　　）

0　10000

㋔（　　　）　㋕（　　　）

0　10万

㋖（　　　）　㋗（　　　）

0　100万

㋘（　　　）　㋙（　　　）

目もりのたんいをかえると、数直線の数もかわるよ。

24 大きい数 ②

月　日

正答数　問／3問

次の表は、日本の人口です。

日本の人口（人）	125570000
男子の人口（人）	61090000
女子の人口（人）	64480000

（2021年）

下の表に、日本の人口、男子、女子の人口を書き入れて、その読み方を漢数字で書きましょう。

① 日本の人口

千	百	十	一	千	百	十	一	千	百	十	一
			億				万				

漢数字（　　　　　　　　　　）

② 男子の人口

千	百	十	一	千	百	十	一	千	百	十	一
			億				万				

漢数字（　　　　　　　　　　）

③ 女子の人口

千	百	十	一	千	百	十	一	千	百	十	一
			億				万				

漢数字（　　　　　　　　　　）

2021年の日本の人口は、2015年とくらべて、150万人ぐらい少なくなっているそうだよ。

かけ算の筆算 ①

月　日

正答数　問 /12問

次（つぎ）の計算をしましょう。

①

	4	5
×		7

②

	8	4
×		6

③

	3	9
×		8

④

	8	7
×		6

⑤

	7	9
×		7

⑥

	6	3
×		8

⑦

	4	3
×		7

⑧

	2	8
×		8

⑨

	3	4
×		3

⑩

	5	8
×		7

⑪

	5	9
×		9

⑫

	3	9
×		9

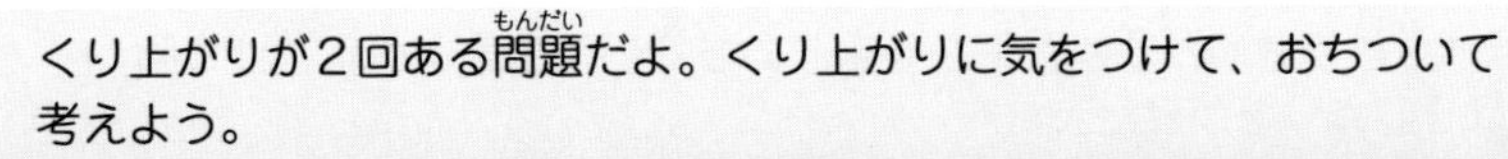
くり上がりが2回ある問題（もんだい）だよ。くり上がりに気をつけて、おちついて考えよう。

かけ算の筆算 ②

月　日

正答数　問 /12問

1 次(つぎ)の計算をしましょう。

①

	2	4	6
×			3

②

	2	9	7
×			2

③

	1	2	6
×			6

④

	1	3	5
×			5

⑤

	3	8	9
×			2

⑥

	2	4	5
×			4

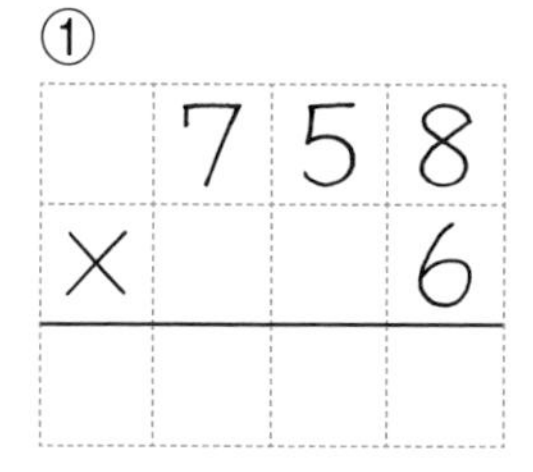

2 次の計算をしましょう。

①

	7	5	8
×			6

②

	8	7	4
×			9

③

	9	4	6
×			6

④

	5	7	5
×			5

⑤

	5	6	3
×			7

⑥

	4	6	8
×			5

「かけられる数」が3けたになるよ。おちついて考えよう。1は2回、2は3回くり上がりだよ。

かけ算の筆算 ③

月　日

正答数

問／9問

次(つぎ)の計算をしましょう。

① 64×31

② 23×56

③ 35×84

④ 18×98

⑤ 27×89

⑥ 38×69

⑦ 37×84

⑧ 23×87

⑨ 49×48

かける数が2けたになるよ。一のくらいから、じゅんに計算しよう。

28 かけ算の筆算 ④

月　日

正答数　問／9問

次の計算をしましょう。

① 19 × 54

② 46 × 22

③ 12 × 84

④ 27 × 53

⑤ 24 × 63

⑥ 36 × 42

⑦ 38 × 57

⑧ 57 × 87

⑨ 66 × 35

およその数で計算をすると、答えがまちがえにくくなるよ。
19×54→20×50だから、答えはおよそ1000だね。

月　日

正答数　問／9問

かけ算の筆算 ⑤

次(つぎ)の計算をしましょう。

① 213×23

② 142×21

③ 122×43

④ 215×23

⑤ 241×33

⑥ 216×42

⑦ 207×34

⑧ 308×27

⑨ 409×15

およその計算をすると、答えが4けたになるとわかるよ。
213×23→200×20のように考えてみよう。

30

かけ算の筆算 ⑥

月　日

正答数

問／9問

次の計算をしましょう。

①
```
  278
×  98
```

②
```
  369
×  36
```

③
```
  189
×  67
```

④
```
  579
×  97
```

⑤
```
  178
×  89
```

⑥
```
  777
×  74
```

⑦
```
  888
×  67
```

⑧
```
  789
×  79
```

⑨
```
  668
×  68
```

くり上がりに気をつけて計算しよう。おちついて考えよう。

31 長さ ①

月　日

正答数　問 /13問

1 次の(　)にあてはまる言葉や数を書きましょう。

① 道にそってはかった長さを(　　　　)といいます。

② まっすぐにはかった長さを(　　　　)といいます。

③ 2km＝(　　　　m)

④ 5km＝(　　　　m)

⑤ 6000m＝(　　　　km)

2 次の計算をしましょう。

① 7km＋3km＝

② 4km＋2km＝

③ 3km＋8km＝

④ 5km＋8km＝

⑤ 10km－6km＝

⑥ 7km－2km＝

⑦ 12km－7km＝

⑧ 13km－5km＝

1km＝1000mだよ。2は、2つの数字のたんいが同じだよ。すべて「km」だね。

長さ ②

月　日

正答数 問／3問

原口さんの家から図書館(としょかん)へ行く道は、図のように4通りあります。

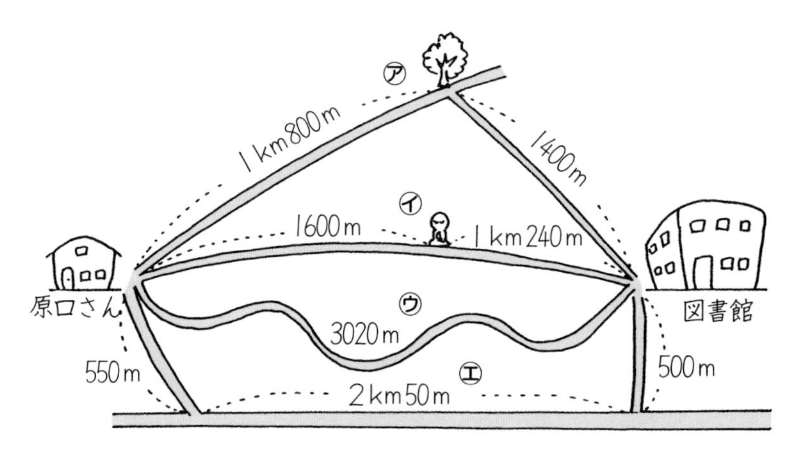

① ㋐～㋓のどの道が一番近いですか。また、それは何km何mですか。

（　　　　,　　　　）

② ㋐の道と㋓の道では、どちらが近いですか。また、何m短(みじか)いですか。

（　　　　,　　　　）

③ 行きは㋑の道を、帰りは㋒の道を通ることにします。行きと帰りをあわせると何km何mですか。

（　　　　）

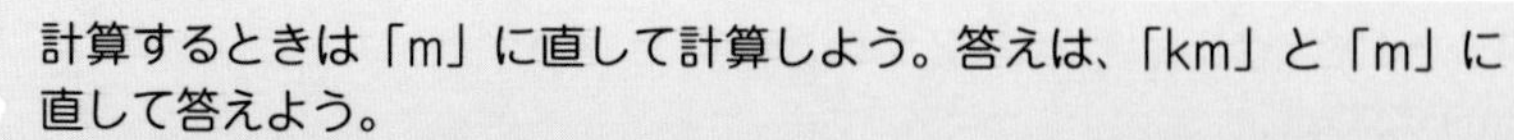
計算するときは「m」に直して計算しよう。答えは、「km」と「m」に直して答えよう。

33

小数 ①

月　日
正答数
問 /10問

1　(　　)の中のたんいにあわせ、小数にして書きましょう。

① 5L4dL　(　　　　L)

② 7dL　(　　　　L)

③ 4cm6mm　(　　　　cm)

④ 4mm　(　　　　cm)

⑤ 4kg200g　(　　　　kg)

2　次(つぎ)の(　　)にあてはまる数を書きましょう。

① 3.5は、0.1が(　　　　)こ集(あつ)まった数です。

② 4.8は、0.1が(　　　　)こ集まった数です。

③ 6は、0.1が(　　　　)こ集まった数です。

④ 5は、0.1が(　　　　)こ集まった数です。

⑤ 14.2は、0.1が(　　　　)こ集まった数です。

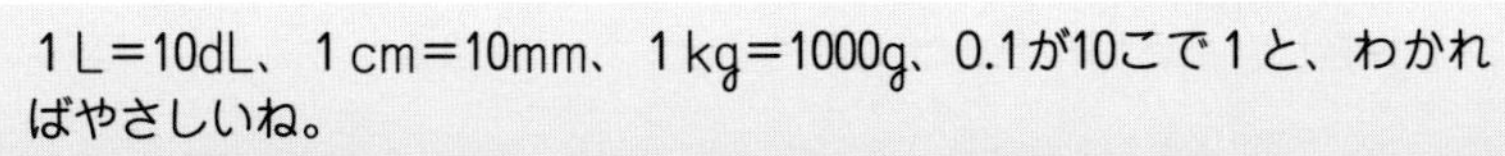

小数 ②

月　日

正答数

問 /14問

1 大きい方に○をつけましょう。

① (0.2　0.3)　② (0.8　0.7)

③ (0.9　1)　④ (2.3　3.2)

⑤ (4.2　4.1)　⑥ (3.5　4.5)

⑦ (12.3　11.7)　⑧ (17.4　17.5)

2 数直線の目もりの数を書きましょう。

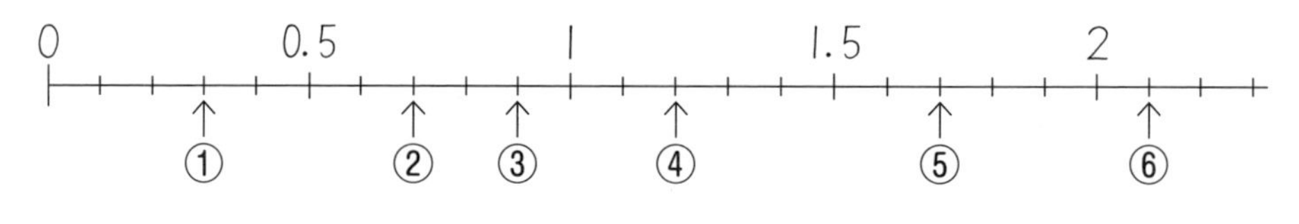

① (　　　)　② (　　　)

③ (　　　)　④ (　　　)

⑤ (　　　)　⑥ (　　　)

小数も大きい、小さいのかんけいがあるよ。

小数 ③

月　日

正答数　問 /16問

次(つぎ)の計算をしましょう。

① $0.6 + 2.3$

② $0.1 + 2.5$

③ $3.3 + 2.4$

④ $0.7 + 0.1$

⑤ $0.4 + 0.8$

⑥ $0.5 + 0.7$

⑦ $6.7 + 2.8$

⑧ $4.5 + 3.9$

⑨ $8 + 5.3$

⑩ $7 + 6.4$

⑪ $5.9 + 9$

⑫ $2.4 + 8$

⑬ $3.4 + 6.6$

⑭ $4.3 + 5.7$

⑮ $6.1 + 4.9$

⑯ $4.5 + 7.5$

⑬は、10.0となるけれど10.0として、10と書くよ。

月　日
正答数
問／3問

小数 ④

1 重さ0.5kgのお皿に、2.6kgのくだものをのせました。あわせて何kgになりますか。

式

答え

2 ジュースが1.2Lあります。新しいジュースを2L買ってきました。あわせて何Lありますか。

式

答え

3 3.6mのテープに4.7mのテープをつなぎました。あわせて何mになりますか。

式

答え

筆算にすると小数点をそろえるから、くらいがよくわかるよ。

小数 ⑤

月　日

正答数　問 /16問

次(つぎ)の計算をしましょう。

①
	2.	5
−	0.	7

②
	1.	5
−	0.	8

③
	3.	3
−	0.	9

④
	4.	5
−	0.	8

⑤
	3.	6
−	1.	8

⑥
	5.	3
−	3.	7

⑦
	4.	2
−	2.	9

⑧
	9.	4
−	5.	6

⑨
	4.	6
−	0.	6

⑩
	3.	7
−	0.	7

⑪
	5.	8
−	2.	8

⑫
	7.	3
−	5.	3

⑬
	3.	6
−	3	

⑭
	4.	2
−	4	

⑮
	6.	8
−	6	

⑯
	9.	1
−	9	

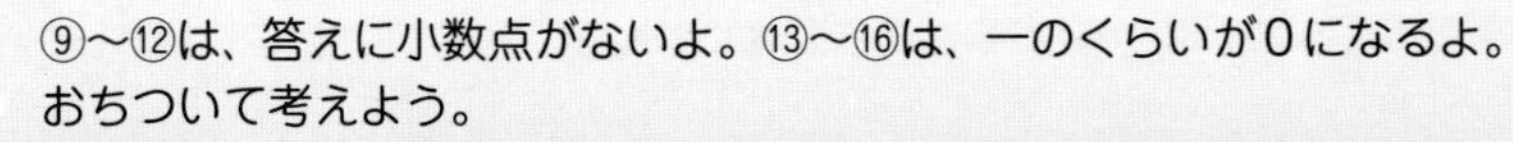
⑨〜⑫は、答えに小数点がないよ。⑬〜⑯は、一のくらいが0になるよ。
おちついて考えよう。

小数 ⑥

月　日
正答数
問／3問

1　7L入るバケツに、水が2.5L入っています。水はあと何L入りますか。

式

答え

2　0.5kgのお皿に、くだものをのせて重さをはかると、3.2kgありました。くだものの重さは何kgですか。

式

答え

3　ジュースが1.2Lあります。0.4Lを飲みました。のこりは何Lありますか。

式

答え

式をたてて、筆算で計算するとまちがえにくいよ。

三角形 ①

コンパスを使(つか)って、次(つぎ)の三角形をかきましょう。

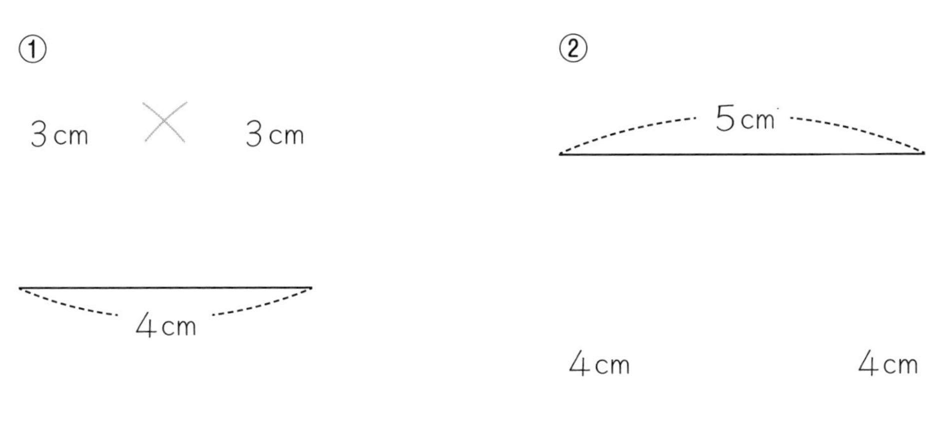

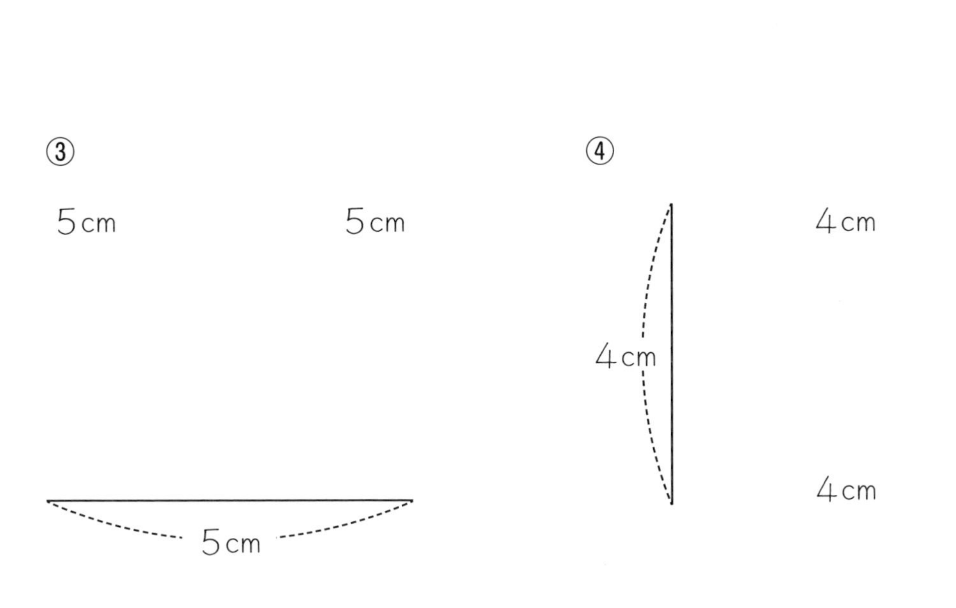

コンパスの使い方になれよう。コンパスのはりのいちをきめて、しっかりおさえてかこう。

三角形 ②

1　コンパスを使って、下のような正三角形の図を右がわにかきましょう。点㋐、㋑、㋒は、辺の真ん中の点です。

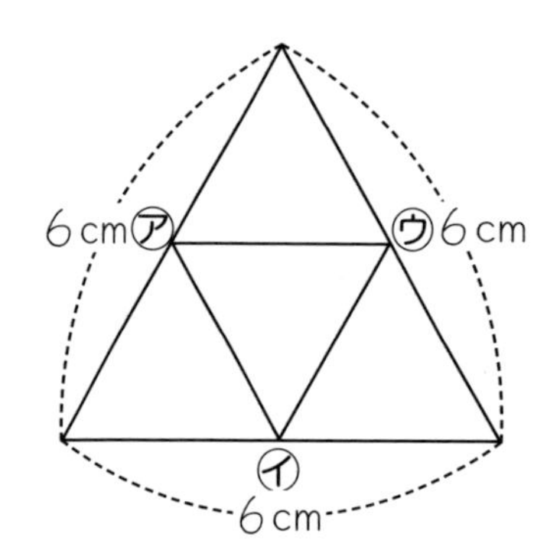

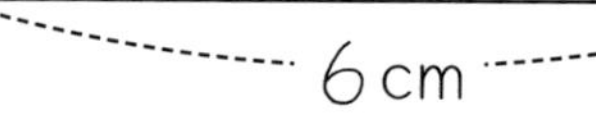

2　次の三角形は何という三角形ですか。三角形の名前を書きましょう。

① 3つの辺の長さが、6cm、6cm、4cmの三角形。

（　　　　　　　　　）

② 3つの辺の長さが、6cm、6cm、6cmの三角形。

（　　　　　　　　　）

③ 3つの角の大きさが等しい三角形。

（　　　　　　　　　）

1は、一辺6cmの大きい三角形を先にかこう。次に、その三角形の辺を半分の3cmにして小さい三角形をかこう。

分数①

1 どちらの数が大きいですか。大きい方に○をつけましょう。

①

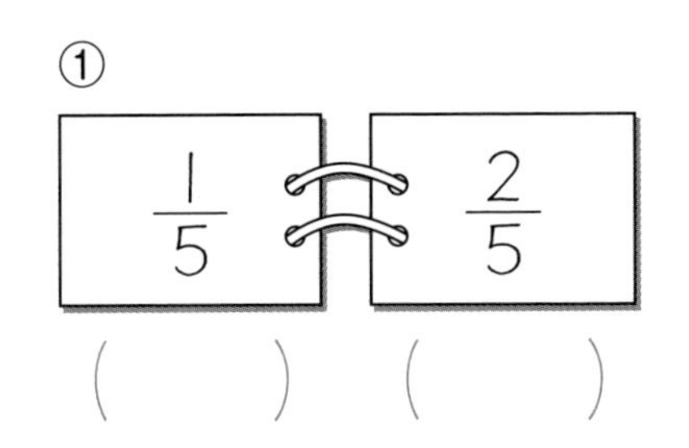

(　　) (　　)

②

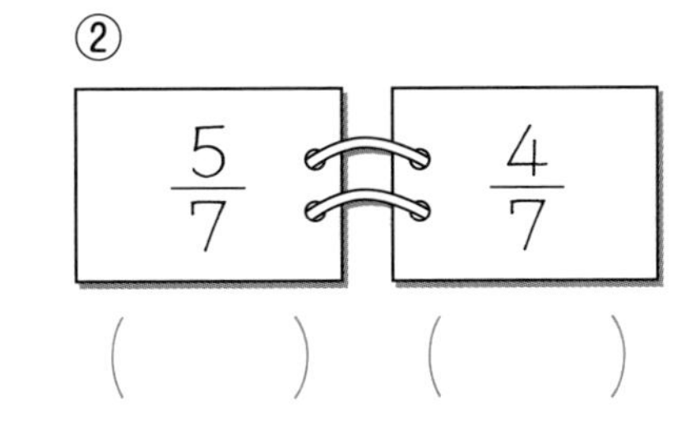

(　　) (　　)

2 分母が10の分数を数直線に表(あらわ)して、小数とくらべました。

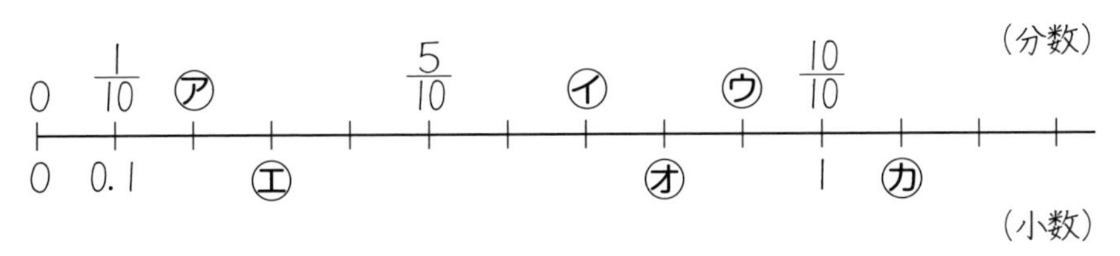

① ア、イ、ウにあてはまる分数は何ですか。

ア(　　　) イ(　　　) ウ(　　　)

② エ、オ、カにあてはまる小数は何ですか。

エ(　　　) オ(　　　) カ(　　　)

分母が10の分数は、分子÷10（分母）と計算すると小数になるよ。

分数 ②

月　日
正答数
問 /12問

1 次(つぎ)の計算をしましょう。

① $\frac{2}{6}+\frac{2}{6}=$

② $\frac{1}{5}+\frac{2}{5}=$

③ $\frac{1}{7}+\frac{3}{7}=$

④ $\frac{3}{8}+\frac{2}{8}=$

⑤ $\frac{3}{10}+\frac{2}{10}=$

⑥ $\frac{4}{9}+\frac{4}{9}=$

2 次の計算をしましょう。

① $\frac{8}{11}-\frac{5}{11}=$

② $\frac{7}{9}-\frac{3}{9}=$

③ $\frac{7}{8}-\frac{5}{8}=$

④ $\frac{8}{9}-\frac{3}{9}=$

⑤ $\frac{7}{10}-\frac{4}{10}=$

⑥ $\frac{3}{5}-\frac{1}{5}=$

分母の大きさが同じのときは、分子だけのたし算、ひき算をするよ。

43 表とグラフ①

月　日

正答数 問／4問

岩田さんが4日間、読書した時間のぼうグラフです。

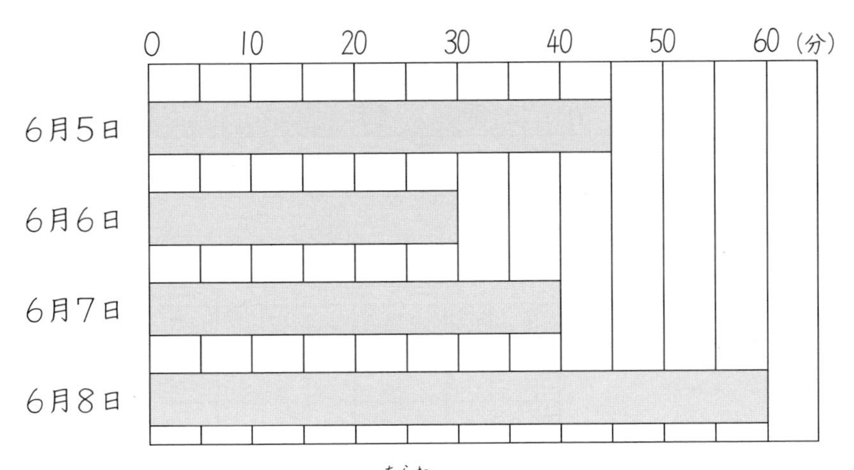

① 1目もりは、何分を表(あらわ)していますか。

（　　　　）

② 6月5日の読書時間を書きましょう。

（　　　　）

③ 6月6日の読書時間を書きましょう。

（　　　　）

④ 4日間のあいだで一番多く読書をした日と読書時間を書きましょう。

（　　　　，　　　　）

グラフでは、1目もりの大きさが大切だよ。グラフをよく見て、1目もりがいくらか考えよう。

表とグラフ ②

月　日

正答数　問／4問

ぼうグラフをかきましょう。

すきな色調べ

色	赤	青	黄	緑	ピンク	その他
人数	12	14	5	9	6	4

① □に表題を書きます。

② たてのじくの（　）にたんいを、□に目もりの数字を書きます。

③ □に色のしゅるいを、多いじゅんに書きます。

④ 人数にあわせて、ぼうグラフをかきます。

（　）

					その他

グラフをかくときは、みんなが見てわかるよう、ていねいにかこう。

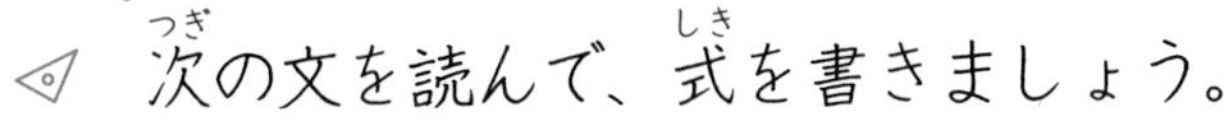

□を使った式①

次の文を読んで、式を書きましょう。

① えんぴつを12本持っていました。兄から□本もらったので、全部で20本になりました。

式　12＋□＝

② えんぴつを□本持っていました。弟に5本あげたので、のこりは9本になりました。

式　□－5

③ えんぴつが、□本ずつ入った箱が4こあります。
えんぴつは全部で48本ありました。

式　□×4

④ 30本のえんぴつを、1人□本ずつわたすと6人に配れました。

式　30÷□

式をなぞって、□を使った式の書き方をおぼえよう。

□を使った式②

月　日

正答数　問／4問

1　えんぴつを13本持っていました。兄から何本かもらったので、全部で20本になりました。
もらった数を□本として、たし算の式を書きましょう。

式

2　42本のえんぴつを、同じ数ずつわたすと6人に配れました。
1人にわたす数を□本として、わり算の式を書きましょう。

式

3　えんぴつを何本か持っていました。弟に5本あげたので、のこりは11本になりました。
持っていた数を□本として、ひき算の式を書きましょう。

式

4　えんぴつが同じ数ずつ入った箱が4こあります。えんぴつは、全部で40本ありました。
箱に入った数を□本として、かけ算の式を書きましょう。

式

「たし算の式」「ひき算の式」「かけ算の式」「わり算の式」と書いてあるからまちがえないよう、式をつくろう。

重さ ①

月　日

正答数　問／7問

1　次のはかりの㋐～㋔の重さは何gですか。

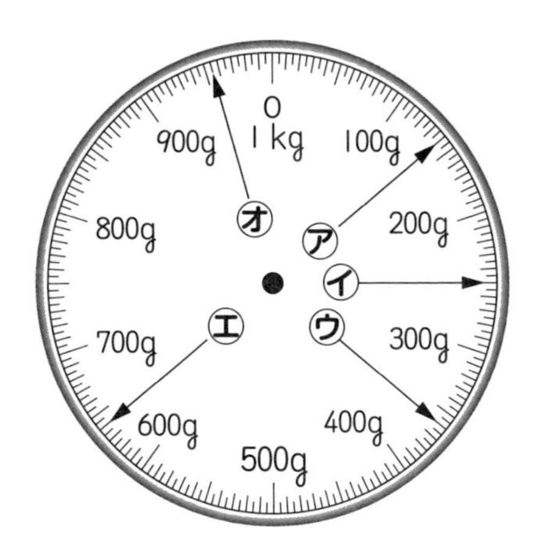

㋐（　　　　g）

㋑（　　　　）

㋒（　　　　）

㋓（　　　　）

㋔（　　　　）

2　次のはかりのはりを読みましょう。

①

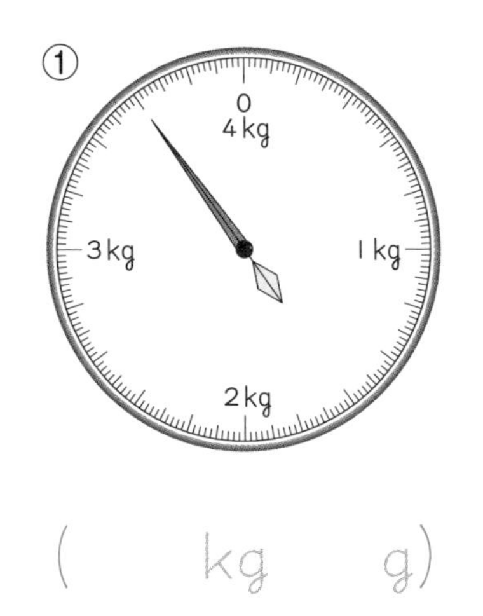

（　　kg　　g）

②

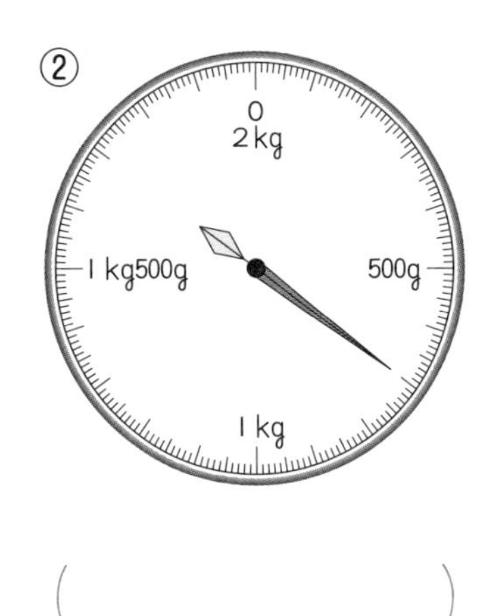

（　　　　）

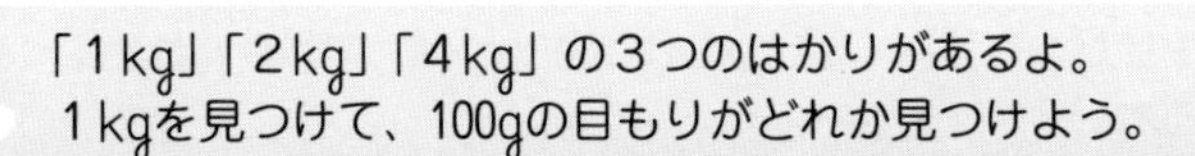

「1kg」「2kg」「4kg」の3つのはかりがあるよ。
1kgを見つけて、100gの目もりがどれか見つけよう。

48 重さ②

月　日

正答数

問 /16問

1　(　　)にあてはまるたんい（g、kg）を書きましょう。

①　消しゴム　17(　　)　②　こねこ　1(　　)

③　計算ドリル　140(　　)　④　すもうとり　160(　　)

2　水1Lの重さは1kgです。次のかさの水は何kgですか。

①　5L（　　　kg）　②　10L（　　　kg）

3　次のかさの水は何gですか。

①　2dL（　　　g）　②　2mL（　　　g）

③　5dL（　　　g）　④　350mL（　　　g）

4　次の重さをtで書きましょう。

①　3000kg＝　②　7000kg＝

③　20000kg＝　④　40000kg＝

⑤　54000kg＝　⑥　68000kg＝

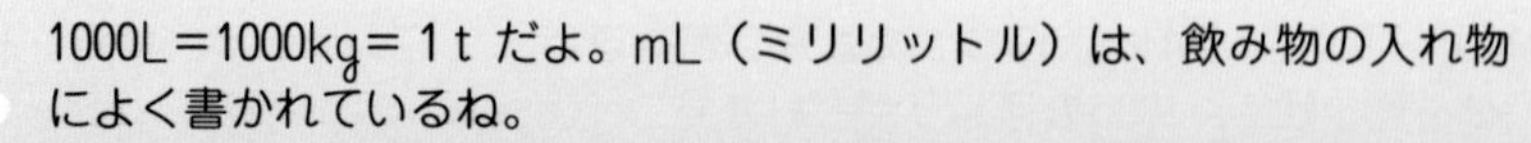

1000L＝1000kg＝１t だよ。mL（ミリリットル）は、飲み物の入れ物によく書かれているね。

1 かんさつのしかた①

次の（　　）にあてはまる言葉を、[　　]からえらんで書きましょう。

(1)　かんさつに出かけるときに、じゅんびをする物は、かんさつしたことを記ろくするための（①　　　　）、（②　　　　）、デジタルカメラなどがあります。また、虫をつかまえるための（③　　　　）やつかまえた虫を入れる（④　　　　）、虫のこまかい部分をかんさつする虫めがねなどもあればべんりです。

虫かご　あみ　筆記用具　かんさつカード

(2)　見つけた生き物は（①　　　　）などを使って、くわしくかんさつします。カードには絵も使って色、（②　　　　）、（③　　　　）など生き物のようすをくわしく書きます。

　また、わかったことや、自分の（④　　　　）も書いておきます。

思ったこと　形　大きさ　虫めがね

草や虫などは、むやみにとったりしないようにしようね。

2 かんさつのしかた ②

月　日
正答数
問／8問

かんさつカードを見て、あとの問い(と)に答えましょう。

(1) 草花の名前は何ですか。

(　　　　　　　　　　)

(2) どこで見つけましたか。

(　　　　　　　　　　)

(3) その日の天気は何ですか。

(　　　　　　　　　　)

(4) 記ろくしたのはだれですか。

(　　　　　　　　　　)

ハルジオン　野原
5月18日　午前10時　(晴れ)
さとう めぐみ

- せの高い草がたくさん育(そだ)っている。
- 日光がよくあたっていた。
- まわりには大きな木はない。
- 白い花がたくさんさいていた。

(5) 次(つぎ)の(　)にあてはまる言葉(ことば)を、□からえらんで書きましょう。

野原には(①　　　　)や自動車(じどうしゃ)など、植物(しょくぶつ)をふみつけたり、(②　　　　)するものが入ってきません。また、野原は、森などとちがって(③　　　　)もよくあたります。そのため、せの(④　　　　)植物が多くはえています。

日光　高い　人　おったり

ハチなどにさされたり、カラタチなどのとげにさされないように注意しようね。

3 草花を育てよう ①

月　日

正答数　問／9問

1 次の文で、正しいものには○、まちがっているものには×をつけましょう。

① (　　) たねをまくと、すぐにひりょうを入れます。

② (　　) たねをまいたら土をかぶせ、水をやります。

③ (　　) めが出ると、さいしょに子葉が出ます。

④ (　　) めが出ると、さいしょに本葉が出ます。

⑤ (　　) 草花によって本葉の形はちがいます。

2 次の花のたねは、どれですか。[　　]からえらんで、記号で書きましょう。

ホウセンカ	アサガオ	マリーゴールド	ヒマワリ

① (　　)	② (　　)	③ (　　)	④ (　　)

㋐ 　㋑　㋒　㋓ 

2の花は、まわりで見つけやすい花だよ。たねをよく見ると、みんなちがうのがわかるよ。マリーゴールドのたねは、ふしぎな形だね。

4 草花を育てよう ②

1 次の(　　)にあてはまる数字を、[　　]からえらんで書きましょう。

ヒマワリのたねは、指で土に(① 　　　)cmくらいのあなをあけ、1つぶずつ植えます。たねとたねのあいだは、(② 　　　)cmくらいあけます。

50　2

2 ヒマワリのめが出ました。

図の①～④の部分の名前を書きましょう。

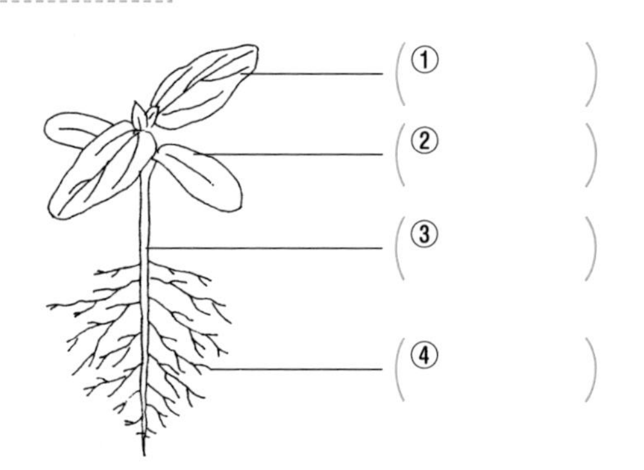

3 ヒマワリの育っていくじゅんに、番号を書きましょう。

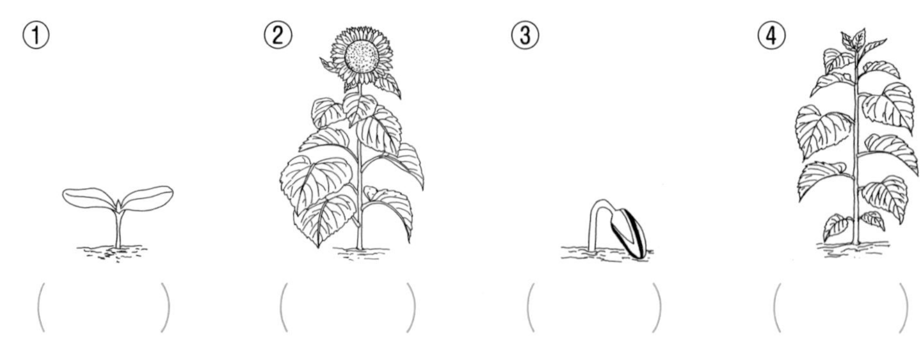

花がさくと、何の草花かよくわかるね。

5 こん虫をさがそう ①

モンシロチョウとアゲハについて、あとの問(と)いに答えましょう。

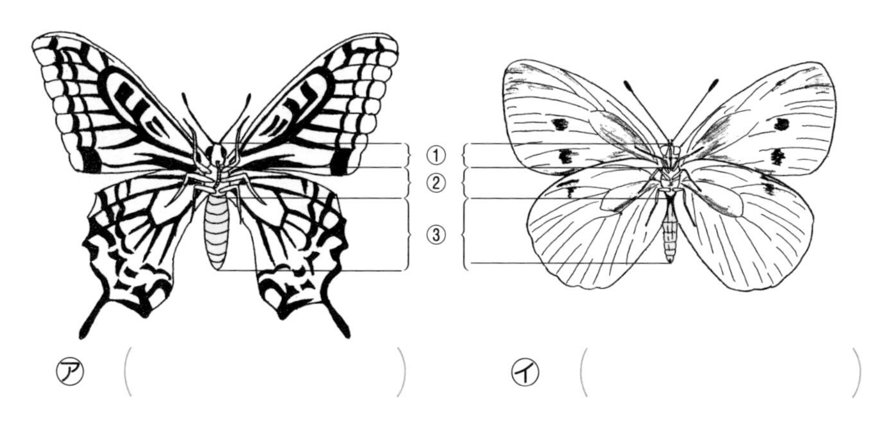

㋐（　　　　　　）　㋑（　　　　　　）

(1) チョウの名前を上の（　）に書きましょう。

(2) 図の中の①～③の部分(ぶぶん)の名前を［　］からえらんで書きましょう。

①（　　　　）②（　　　　）③（　　　　）

頭　はら　むね

(3) チョウのあしの数と、はねの数を書きましょう。

あし（　　　本）　はね（　　　まい）

(4) 頭の部分にあるもの３つに○をつけましょう。

①（　）口　②（　）目
③（　）はね　④（　）しょっかく

こん虫のからだのつくりは、チョウもトンボもカブトムシもみんな同じだね。

6 こん虫をさがそう ②

1　こん虫の育（そだ）ち方で、㋐～㋓のときの名前（たまご、よう虫、さなぎ、せい虫）を（　　）に書きましょう。

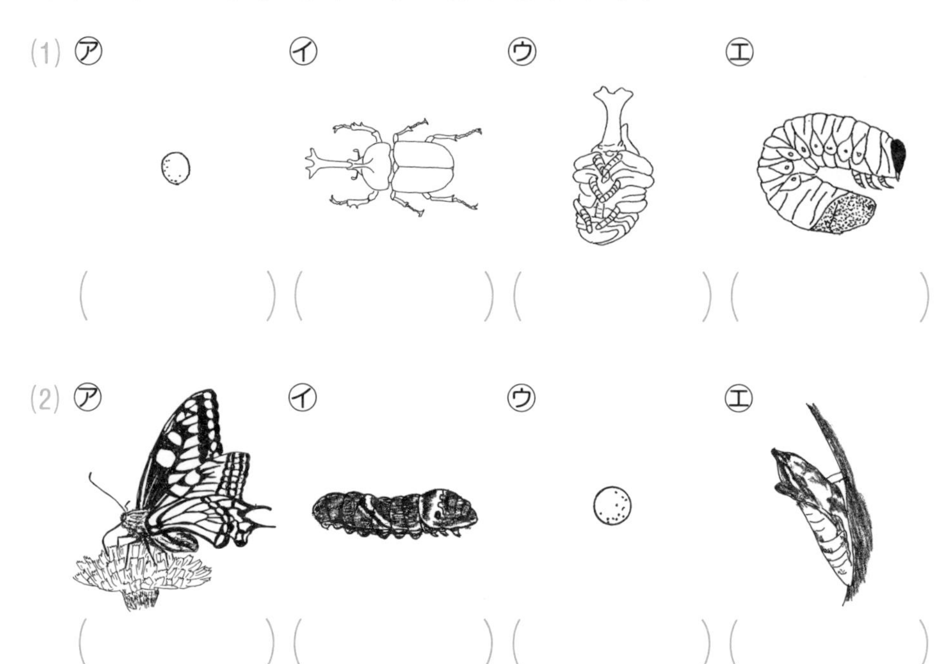

2　こん虫のからだのつくりで、正しいのはどれですか。3つえらびましょう。

① 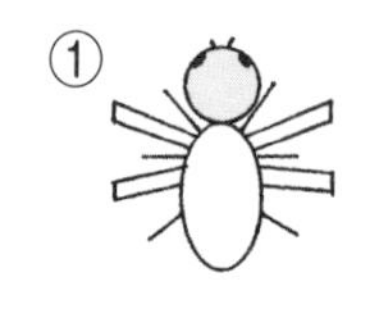
② 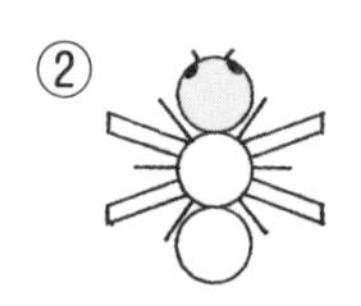
③ 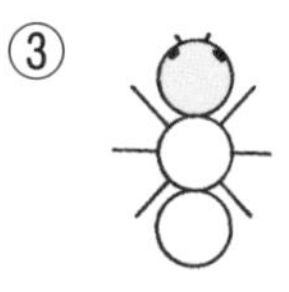
④ 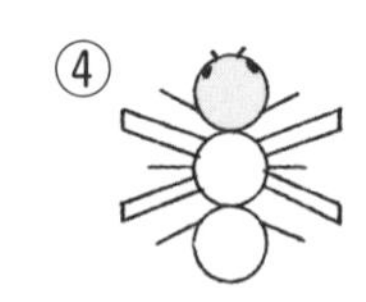
⑤ 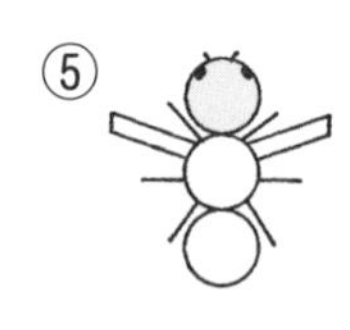

（　　　　）

こん虫は、よう虫からさなぎになるものと、さなぎにならずにせい虫になるものがあるよ。

7 風とゴムのはたらき ①

1 次(つぎ)の文で、正しいものには○、まちがっているものには×をつけましょう。

① (　　) 風りんは、風の力をりようして音を出します。

② (　　) 台風でかわらがとぶこともあります。

③ (　　) 風が強いと、こいのぼりがよく泳(およ)ぎます。

④ (　　) うちわでは、風はつくれません。

⑤ (　　) 人のはくいきは、風にはなりません。

2 次の車は、㋐、㋑、㋒、㋓のうちどこから風がくると、よく動(うご)きますか。

(　　)

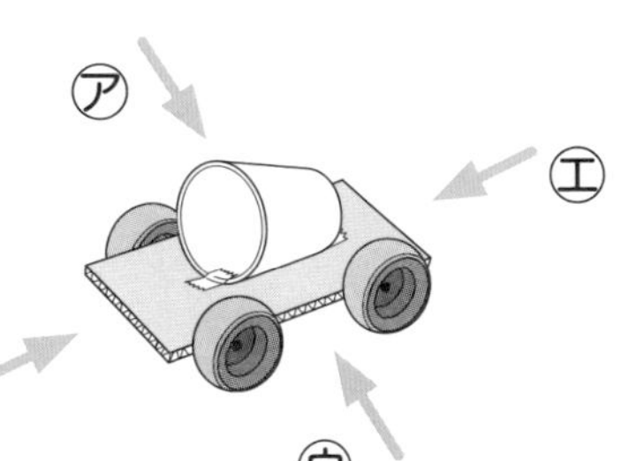

3 ふき流(なが)しをつくり、せん風きの風の強さのじっけんをしました。せん風きのスイッチは、強・中・弱・切のどれですか。

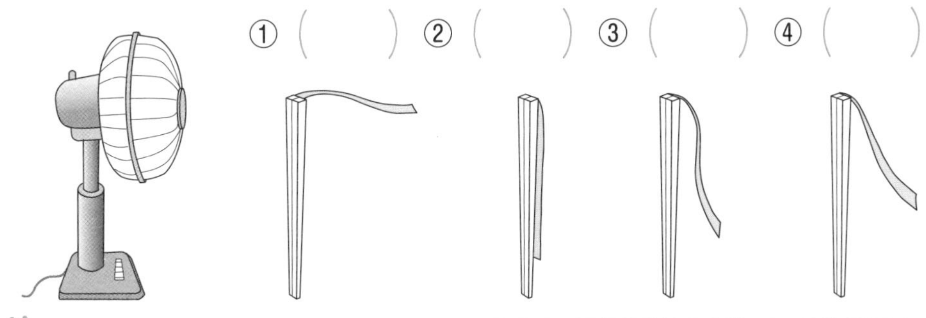

2は、風の力で動くもののせつ明だよ。3は、風の力には強さがあることのせつ明だよ。

8 風とゴムのはたらき ②

月　日
正答数
問／8問

ゴムの力をりようしたおもちゃをつくりました。あとの問いに答えましょう。

㋐

ひっぱっておいて、
はなすと動く

㋑

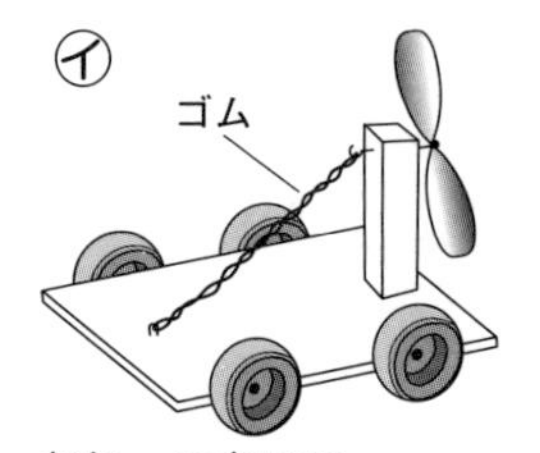

ねじっておいて、
はなすと動く

㋒

おりまげておいて
はなすとはねる

(1) ゴムののびちぢみをりようしたもの２つ答えましょう。
（　　　　）

(2) ゴムのねじれが元にもどるのをりようしたものは、どれですか。
（　　　　）

(3) 次の（　）にあてはまる言葉を［　］からえらんで書きましょう。

ゴムには（①　　　）たり、ちぢんだり、（②　　　）たり、元にもどったりして、ものを（③　　　）力があります。

㋐の車では、ゴムを（④　　　）のばすほど、その力は（⑤　　　）なります。

㋑の車では、ゴムをたくさん（⑥　　　）ほど、その力は大きくなります。

ねじる	長く	大きく	動かす	のび	ねじれ

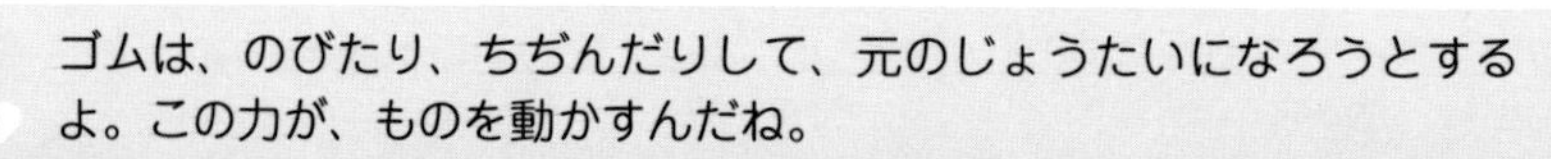

ゴムは、のびたり、ちぢんだりして、元のじょうたいになろうとするよ。この力が、ものを動かすんだね。

9 かげと太陽 ①

1　次の（　）にあてはまる言葉を、［　］からえらんで書きましょう。

太陽の光をさえぎるものがあると、（①　　　）ができます。（①）は、（②　　　）と反対がわにできます。人やものが動くと、かげも（③　　　）ます。

動き　　かげ　　太陽

2　絵を見て、あとの問いに答えましょう。

(1)　かげの向きが正しくない人が2人います。何番と何番ですか。

（　　　）と（　　　）

(2)　かげのできない人が2人います。何番と何番ですか。

（　　　）と（　　　）

(3)　木のかげは、このあと矢じるし（⬋）の方向へ動きます。たてもののかげは、このあと㋐、㋑のどちらへ動きますか。

（　　　）

太陽は、東から西へと動くよ。かげは、反対に西から東へと動くよ。

10

月　日

正答数　問／11問

かげと太陽 ②

1　日なたと日かげの地面(じめん)の温度(おんど)をはかりました。図を見て、次(つぎ)の時こくの温度を書きましょう。

午前9時		正　午	
日なた	日かげ	日なた	日かげ

① 午前9時の日なた（　　℃）

② 午前9時の日かげ（　　）

③ 正午の日なた（　　）

④ 正午の日かげ（　　）

2　7月の晴れた日、学校の校庭(こうてい)に出ました。次の文を読み、日なたのことには○、日かげのことには×をつけましょう。

①（　　）地面をさわるとつめたくて、少ししめっている。

②（　　）明るくて、地面にふれてみると、あたたかい。

③（　　）日光があたり、地面はかわいている。

④（　　）日光があたらず、暗(くら)い。

⑤（　　）地面に自分のかげがうつらない。

⑥（　　）地面に自分のかげがうつる。

⑦（　　）日ざしの強いときは、ここがすずしい。

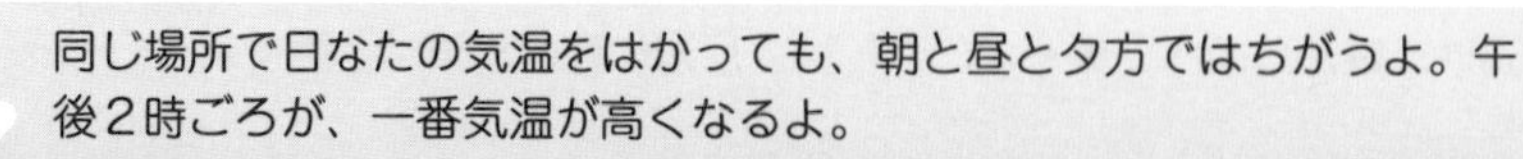
同じ場所で日なたの気温をはかっても、朝と昼と夕方ではちがうよ。午後2時ごろが、一番気温が高くなるよ。

光であそぼう

月　日

正答数　問 /10問

1　次の(　　)にあてはまる言葉を、[　　]からえらんで書きましょう。

かがみで(①　　　)をはね返すことができ、その光はまっすぐ進みます。そして、光のあたったところは(②　　　)なります。太陽を直せつ見ると(③　　　)をいためます。だから、はね返った光を、人の(④　　　)にあててはいけません。

丸いかがみで日光をはね返すと(⑤　　　)、四角いかがみなら(⑥　　　)く、三角のかがみなら(⑦　　　)にうつります。

目　　顔　　日光　　明るく　　四角　　三角　　丸く

2　図を見て、あとの問いに答えましょう。

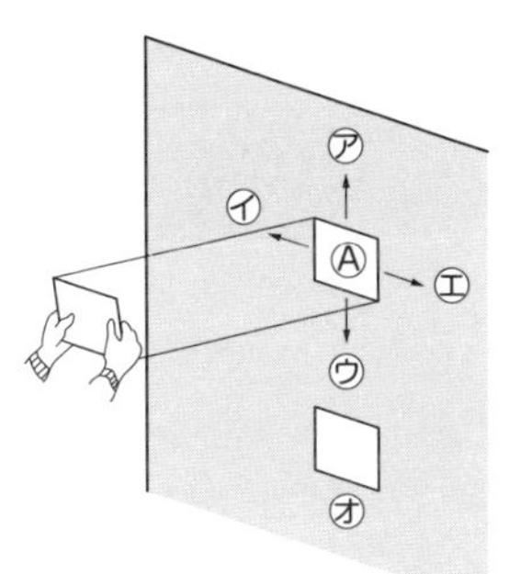

(1)　かがみを上にかたむけると、Ⓐは㋐〜㋓のどの方向に動きますか。

(　　　)

(2)　かがみを右にかたむけると、Ⓐは㋐〜㋓のどの方向に動きますか。

(　　　)

(3)　Ⓐを㋔のところに動かすには、かがみをどちらへかたむけますか。

①　左にかたむけます。　②　下にかたむけます。　(　　　)

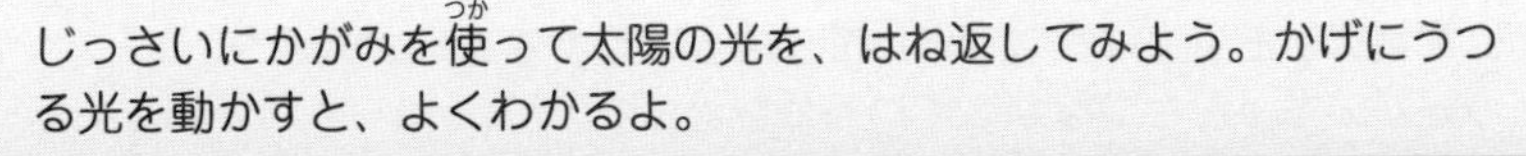

じっさいにかがみを使って太陽の光を、はね返してみよう。かげにうつる光を動かすと、よくわかるよ。

月　日

正答数

問／8問

明かりをつけよう ①

1 かん電池と豆電球（まめでんきゅう）とどう線をつないで、明かりをつけます。どのようにつなげばよいですか。（　）にあてはまる言葉（ことば）を□からえらんで書きましょう。

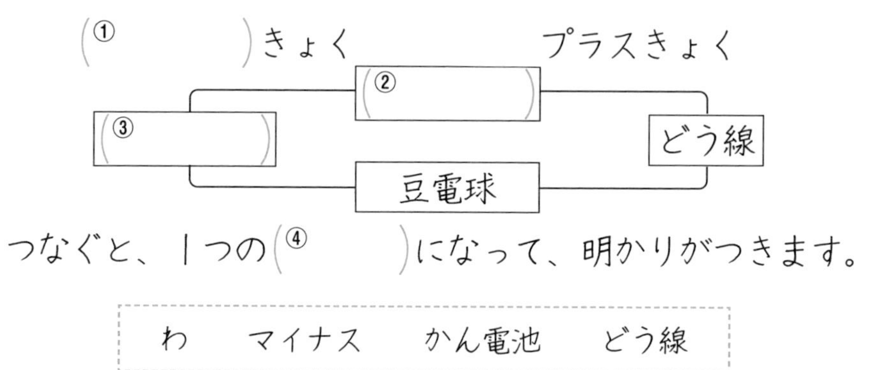

つなぐと、１つの（④　　）になって、明かりがつきます。

わ　マイナス　かん電池　どう線

2 次（つぎ）の図で、豆電球に明かりがつくものには○、つかないものには×をつけましょう。

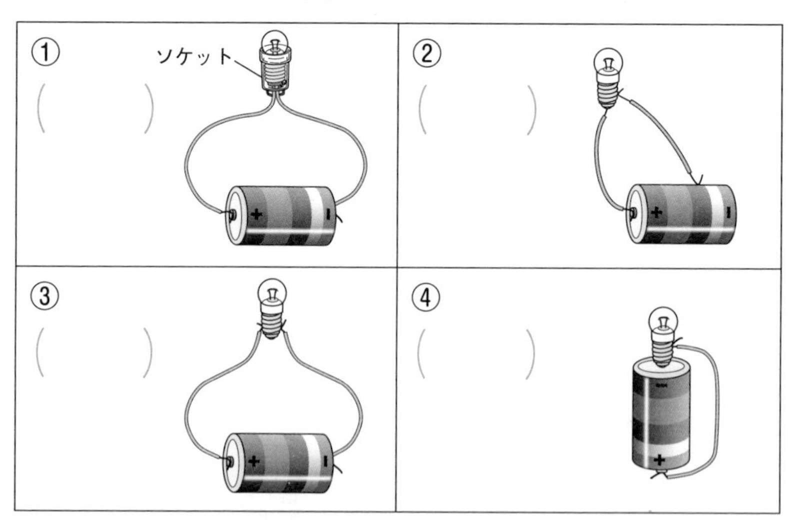

2は電気のとおり道が、つながっているかどうかをたしかめよう。
どう線が、ちゃんとつながっているかな。

13 明かりをつけよう ②

月　日　正答数　問 /10問

1 次(つぎ)の図を見て、電気を通すものには○、通さないものには×をつけましょう。

2 次の（　　）にあてはまる言葉(ことば)を、[　　]からえらんで書きましょう。

くぎや百円玉、鉄のはさみは（①　　　　）でできていて、電気を通します。金ぞくでない（②　　　　）のじょうぎや木の（③　　　　）、ガラスの（④　　　　）などは電気を通しません。

コップ	プラスチック	わりばし	金ぞく

電気を通すものと、通さないものがわかったかな。まわりに電気を通すものはなにがあるか調べてみよう。

14 じしゃく

1 次のうち、じしゃくにつくものには○、つかないものには×をつけましょう。

① (　　) アルミかん
② (　　) ミシンばり
③ (　　) チョーク
④ (　　) 鉄のはさみ
⑤ (　　) ボールペン
⑥ (　　) リレーのバトン
⑦ (　　) ブランコのくさり
⑧ (　　) ガラスのコップ
⑨ (　　) 鉄のはりがね
⑩ (　　) 消しゴム

2 次の図で、じしゃくを近づけると、引きあうものには○、しりぞけあうものには×をつけましょう。

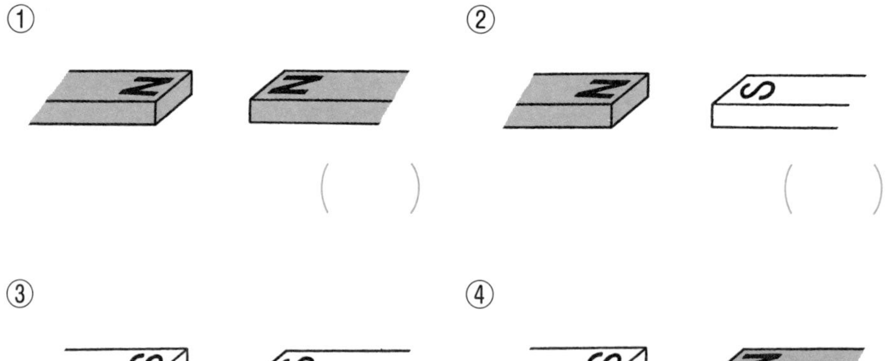

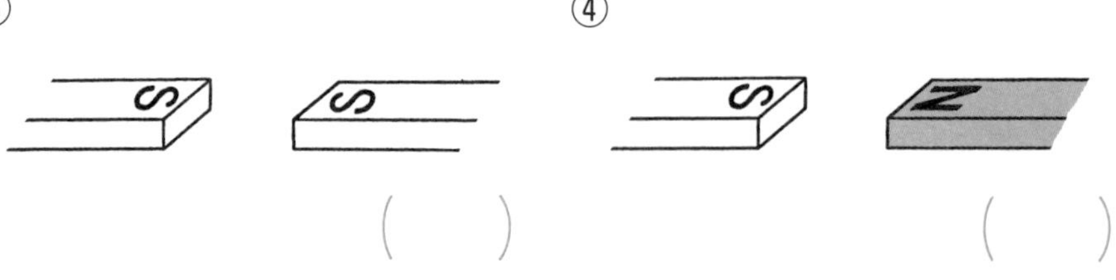

金ぞくのアルミや、どうは、電気はよく通すけど、じしゃくはつかないよ。じしゃくにつくのは、どんな金ぞくかな。

15 ものと重さ

1 同じ大きさ（かさ）の鉄と木をてんびんにのせました。どちらが重いですか。

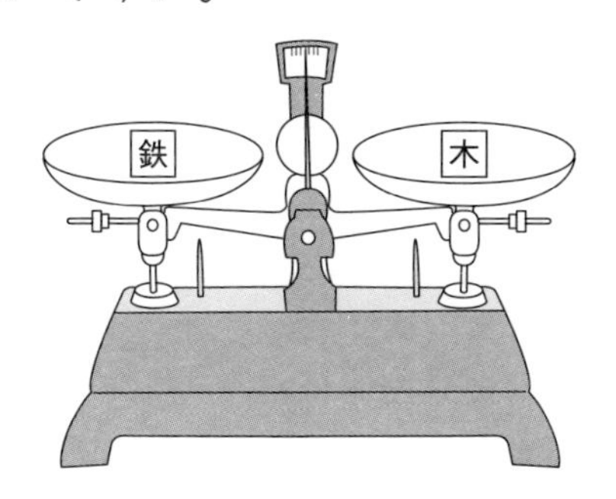

（　　　　）

2 ふくろ入りのビスケットの、中のビスケットをくだきました。重さはどうなりますか。㋐～㋒からえらびましょう。

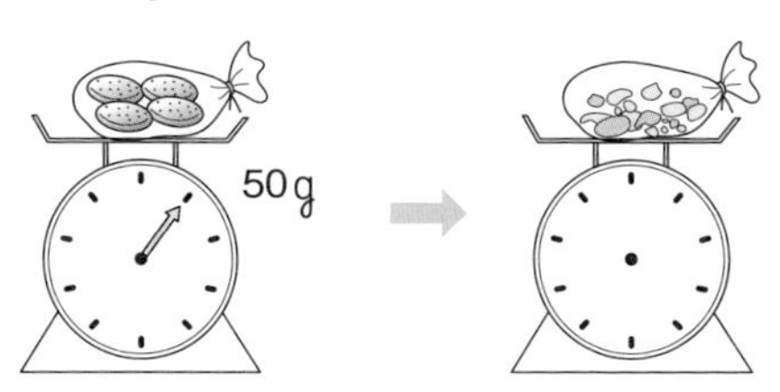

- ㋐（　　）50g
- ㋑（　　）50gより重い
- ㋒（　　）50gより軽い

3 水に角ざとうをとかすと、さとうがとけて見えなくなります。重さはどうなりますか。㋐～㋒からえらびましょう。

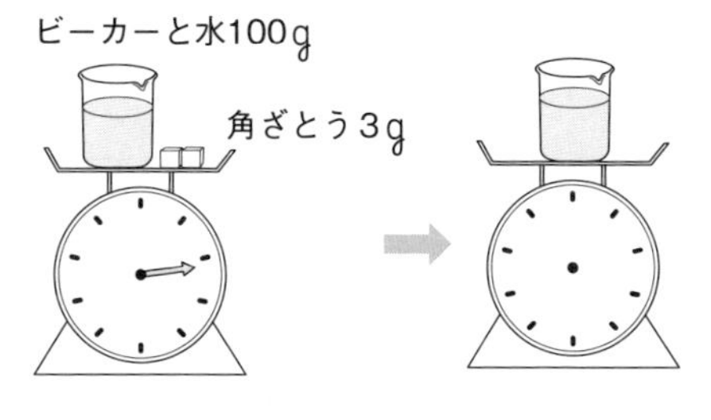

- ㋐（　　）103g
- ㋑（　　）103gより重い
- ㋒（　　）103gより軽い

形がかわったり、ものにとけて見えなくなったりしたら、重さはどうなるかな。よそうして考えてみよう。

音のつたわり方

月　日

正答数　問／8問

次の（　）にあてはまる言葉を、□からえらんで書きましょう。

(1)　じっけん1のように、トライアングルを（①　　）、音を出し、水の入った水そうに入れました。すると、（②　　）がふるえて（③　　）が起こりました。

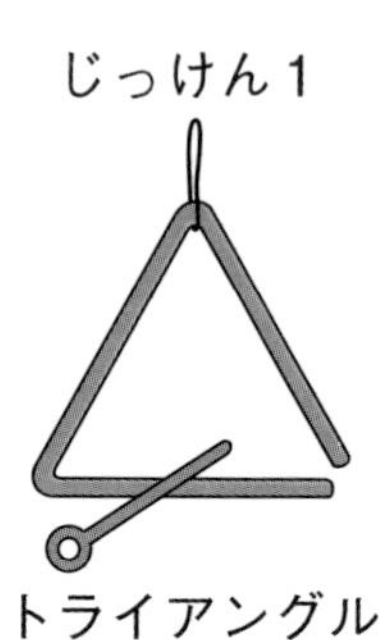

水　たたき　波

(2)　じっけん2のような用具をつくり、ピンとはった（①　　）を指で（②　　）ました。するとわゴムが（③　　）音が出ました。

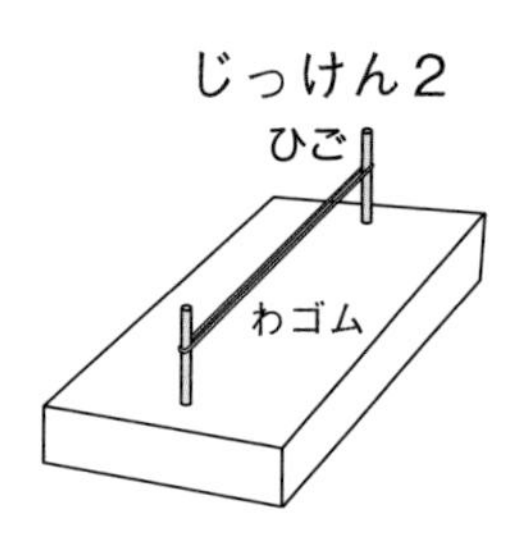

じっけん1～2で（④　　）たたいたり、大きくはじいたりすると、どちらも（⑤　　）音になりました。大きな音は、小さな音にくらべて、ふるえ方が大きくなりました。

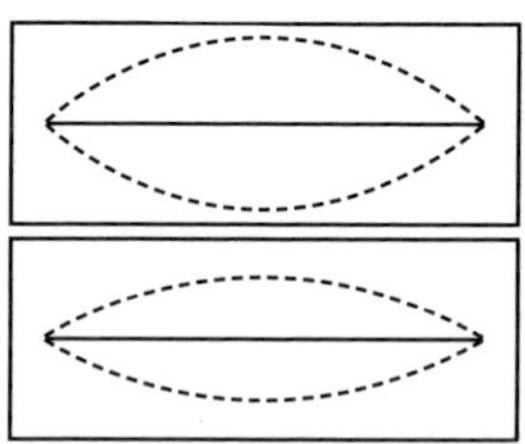

はじき　わゴム　大きな　強く　ふるえて

音は空気をふるわせて、つたわっていくんだね。

絵地図 ①

絵地図からわかることで、正しい文には○を、まちがっている文には×をつけましょう。

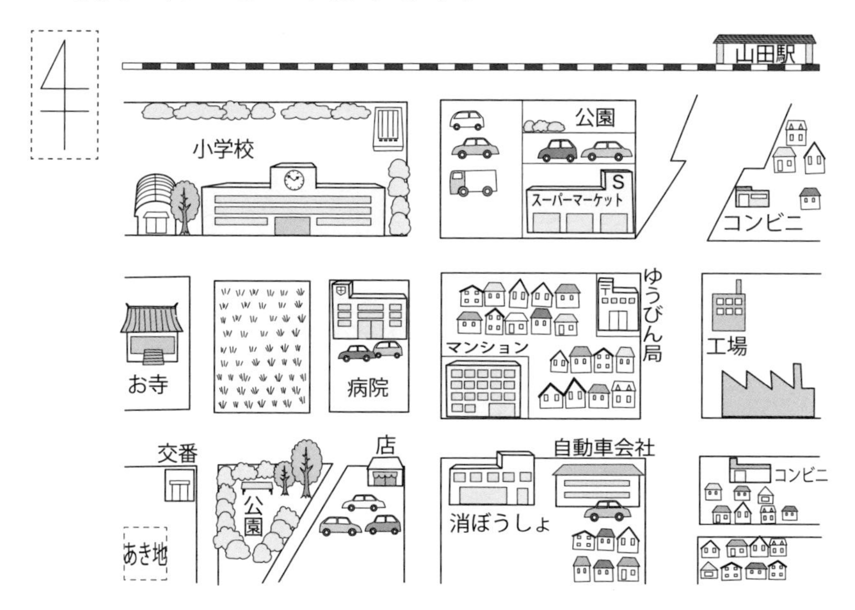

① (　　) この絵地図にコンビニは２つある。

② (　　) 鉄道（てつどう）は、南北に走っている。

③ (　　) 小学校の南がわに病院（びょういん）がある。

④ (　　) 工場の西がわにゆうびん局（きょく）がある。

⑤ (　　) 交番は絵地図のまん中にある。

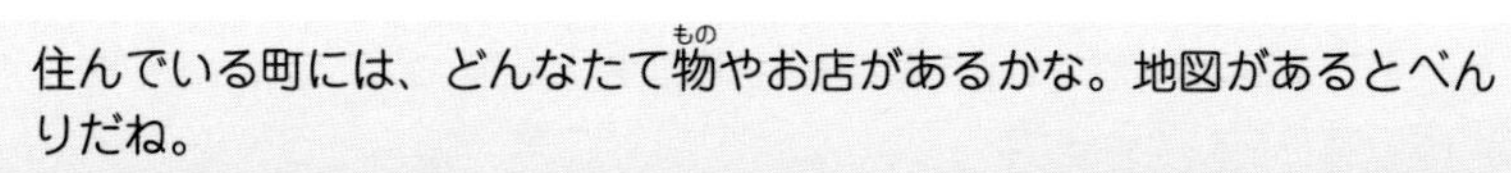

住んでいる町には、どんなたて物（もの）やお店があるかな。地図があるとべんりだね。

絵地図 ②

絵地図を文字で表(あらわ)すと次(つぎ)のようになります。あとの問(と)いにあてはまる言葉(ことば)を［　］からえらんで書きましょう。

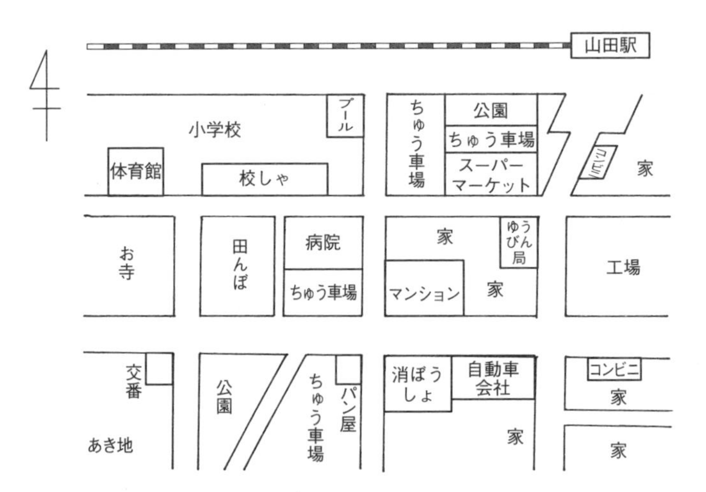

① 小学校の南にあるたて物(もの)。

（　　　　　）と（　　　　　）

② 地図の北がわを走っているもの。

▬▭▬▭▬▭▬…（　　　　　）

③ パン屋の東にあるたて物。（　　　　　）

④ 南の公園の西にあるたて物。（　　　　　）

消(しょう)ぼうしょ	お寺	交番	鉄道(てつどう)	病院(びょういん)

絵地図を見てせつ明ができたら、自分の町の絵地図をつくって、たて物やお店もせつ明してみよう。

3 地図のきまり ①

月　日
正答数
問 /11問

1 次の図を見て、あとの問いに答えましょう。

(1) ①〜⑧の方位を（　　）に書きましょう。

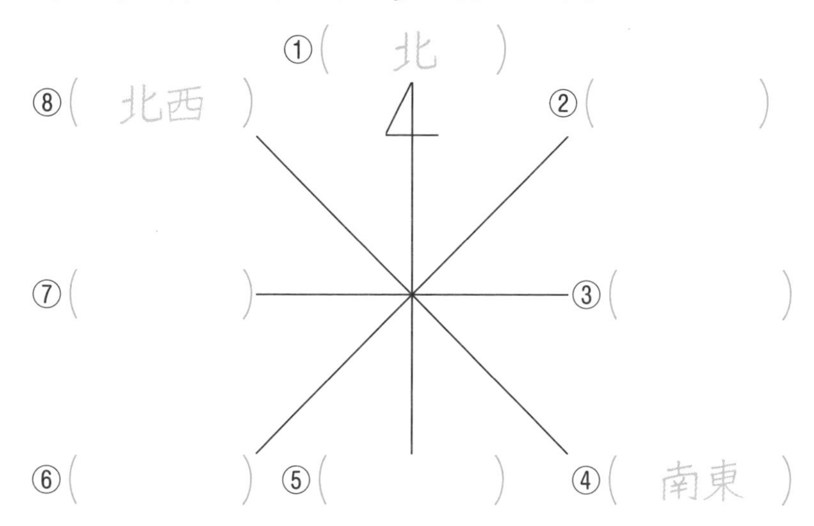

(2) この表し方を何といいますか。（　　　　）

2 地図をかくときに気をつけることとして、正しいもの2つに○をつけましょう。

① （　） 地図の上は北とする。

② （　） 地図の上は南とする。

③ （　） 家はいっけんいっけん全部かくようにする。

④ （　） 目じるしになる学校や神社をかくとわかりやすい。

⑤ （　） 車をたくさんかいて、道路だとわかりやすくする。

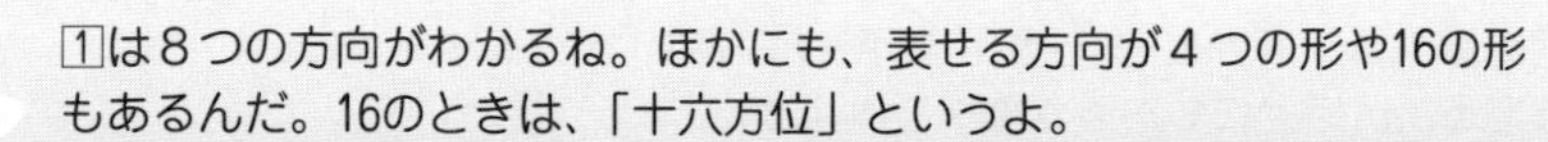
1は８つの方向がわかるね。ほかにも、表せる方向が４つの形や16の形もあるんだ。16のときは、「十六方位」というよ。

4 地図のきまり ②

1 次の地図記号は何を表していますか。［　　］からえらんで、（　　）に書きましょう。

① → ⊗ （　　　　　）

② → Y （　　　　　）

③ → （　　　　　）

④ → 〒 （　　　　　）

⑤ → 文 （　　　　　）

けいさつしょ　ゆうびん局
消ぼうしょ　学校　病院

2 次の地図記号が表すものを線でむすびましょう。

① ・　　・㋐ くだもの畑（りんごの形）

② ・　　・㋑ 神社（入り口にあるとりい）

③ ⛩ ・　　・㋒ 田（いねをかったあとの切りかぶ）

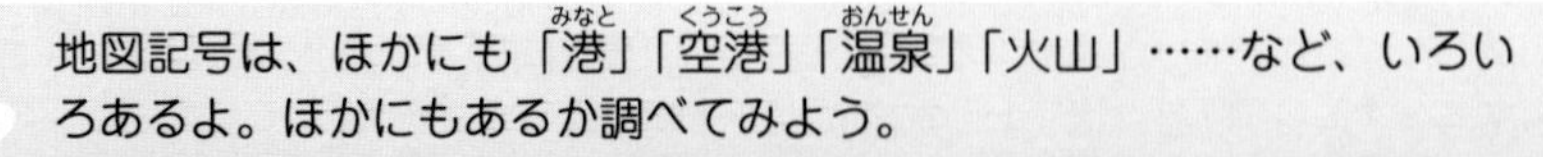
地図記号は、ほかにも「港」「空港」「温泉」「火山」……など、いろいろあるよ。ほかにもあるか調べてみよう。

5 地図のきまり ③

次の地図を見て、あとの問いに答えましょう。

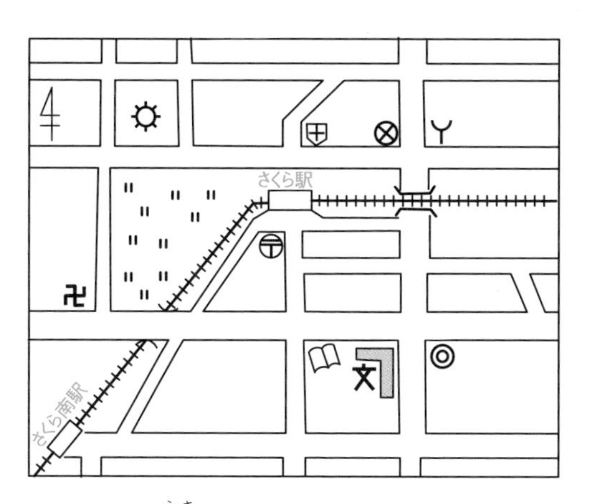

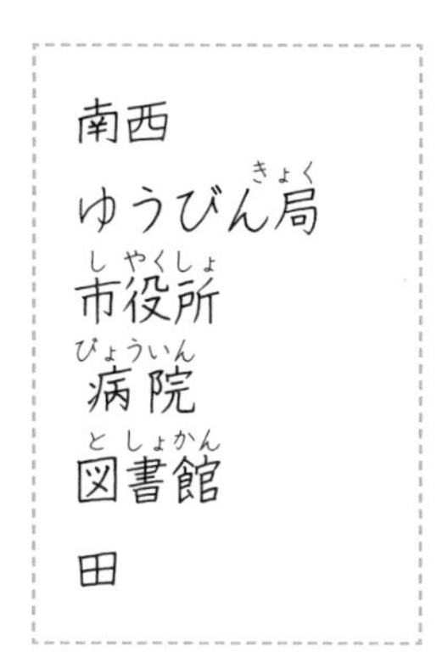

(1) さくら駅の南と北にあるしせつは何ですか。

① 南（　　　　　　　）　② 北（　　　　　　　）

(2) 学校の西、東にあるしせつは何ですか。

① 西（　　　　　　　）　② 東（　　　　　　　）

(3) 鉄道の西に広がっているのは何ですか。

（　　　　　　　）

(4) さくら南駅はさくら駅から見るとどの方角にありますか。

（　　　　　　　）

地図は北を上にして表すよ。

6 くらしと商店①

月　日

正答数　問／4問

次(つぎ)の絵は、スーパーマーケットのくふうしているようすをえがいたものです。絵とかんけいの深(ふか)い文を下の［　］からえらんで記号(きごう)で答えましょう。

①

（　　）

②

（　　）

③

（　　）

④

（　　）

㋐ 品物(しなもの)が見やすいようにくふうして、たなにならべる。

㋑ お客(きゃく)さんの買い物の相談(そうだん)にのったり、あんないしたりする。

㋒ 売り場の品物が少なくなったら、そう庫(こ)から出してくる。

㋓ おいしいさしみにするために、魚を切ってパックする。

じっさいにスーパーマーケットを見に行って、どんなくふうがあるかをさがしてみよう。

7 くらしと商店 ②

月　日

正答数　問／6問

1 次の文は、商店がいの人の話です。（　）にあてはまる言葉を［　］からえらんで記号で書きましょう。

近くに住んでいる人たちが買い物に来ることが多く、おもに日用品や（①　　）などを中心に売っています。さいきんは（②　　）などに買い物に行く人が多くなりました。
しかし商店がいでは、お店の人とちょくせつ話をしながら買い物ができるので、安心して買うことができます。また、お店の人とおしゃべりしながら買い物するのを（③　　）いるお客さんもいます。
昔にくらべるとお客さんは（④　　）なりましたが、みんなで力を合わせてがんばっています。

㋐食料品　㋑楽しんで　㋒スーパー　㋓少なく

2 下の絵は、「商店がい」「コンビニエンスストア」のどちらを表したものですか。（　）の中に書きましょう。

①

（　　　　　）

②

（　　　　　）

商店がいは、いろいろな店がならんでいるよ。食べ物に服やクツも売っているよ。

8

畑ではたらく人々の仕事①

月　日

正答数　問／5問

次(つぎ)の絵は、野さいづくりのようすを表(あらわ)しています。
せつ明の文を――でむすびましょう。

① 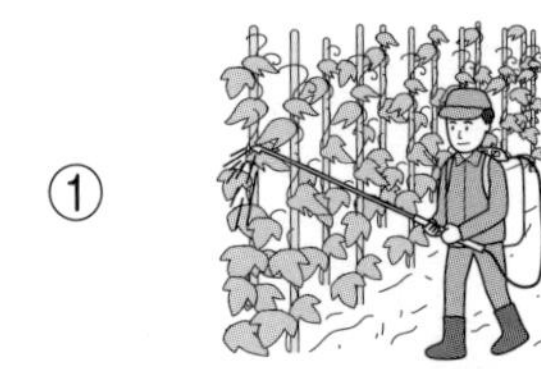　●　　● ㋐ 大きさべつに箱(はこ)につめて市場に売りに出す。

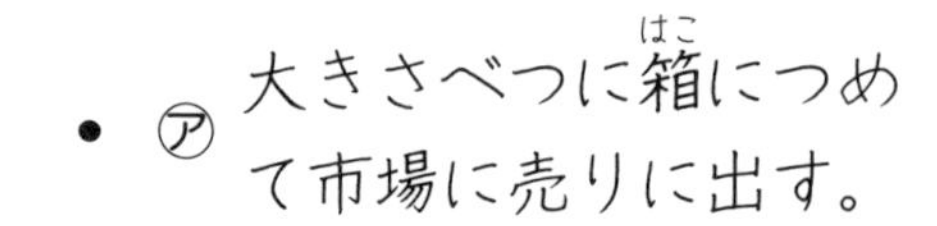

② 　●　　● ㋑ がい虫をふせぐ薬(くすり)をまく。

③ 　●　　● ㋒ ビニールハウスで冬でもつくられるようにする。

④ 

●　　● ㋓ 少ない時間でこうりつよく作業(さぎょう)ができる。

⑤ 　●　　● ㋔ 自ぜんのたいひを入れて、よい土をつくっている。

畑(はたけ)ではたらく人々の仕事(しごと)には、たくさんのしゅるいがあるよ。

9 畑ではたらく人々の仕事 ②

月　日
正答数　問／4問

農業について調べるために、農家の田中さんに話を聞きました。下の図は、田中さんの農事ごよみです。図を見て、あとの問いに答えましょう。

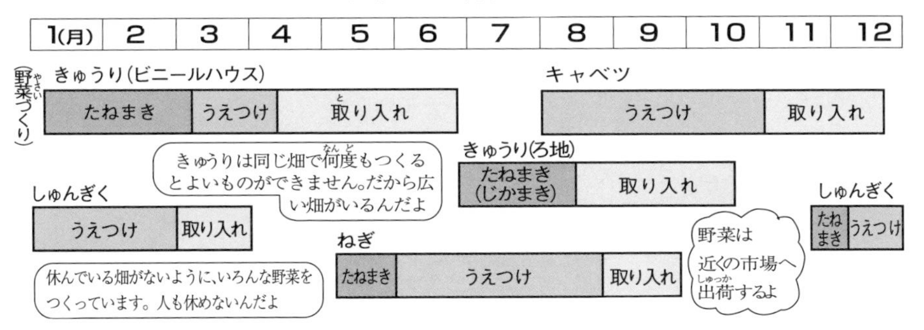

(1) 田中さんの畑では、どんなものをつくっていますか。4つ書きましょう。

（　　　）（　　　）（　　　）（　　　）

(2) (1)の中で、ビニールハウスでつくられる作物は何ですか。

（　　　）

(3) 9月に取り入れをする野さいを2つ書きましょう。

（　　　）（　　　）

(4) つくった野さいは、どこに出荷されますか。

（　　　）

畑やビニールハウスで何しゅるいもの野さいをつくっている農家もあるよ。

10 工場ではたらく人々の仕事①

月　日

正答数　問／5問

次（つぎ）の絵はパン工場でのようすを表（あらわ）しています。

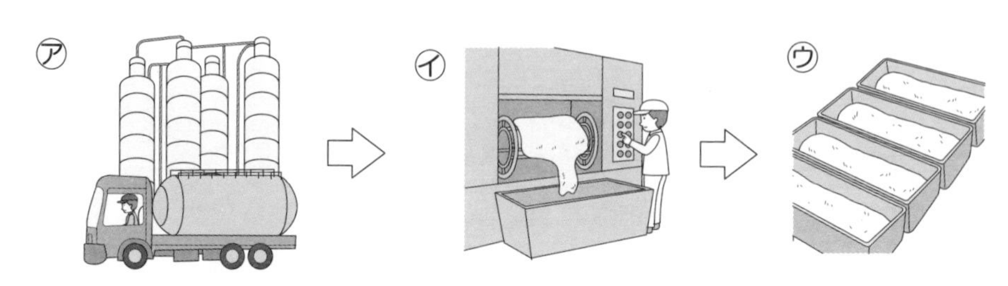

次のことがらは、上の絵のどれを表していますか。（　　）に記号（きごう）を書きましょう。

① パンをやく　（　　）

② パンをふくらませる　（　　）

③ ざいりょうを運（はこ）びこむ　（　　）

④ パンのふくろづめ　（　　）

⑤ 生地（きじ）づくり（ざいりょうをねる）　（　　）

パン工場では、パンの生地をつくり、大きさをそろえてパンをやいてつくるね。

11 工場ではたらく人々の仕事 ②

月　日

正答数　問／5問

パン工場では、いろいろな人がはたらいています。次(つぎ)の表(ひょう)を見て、あとの問(と)いに答えましょう。

	午前												午後											
	0	1	2	3	4	5	6	7	8	9	10	11	12	1	2	3	4	5	6	7	8	9	10	11 12じ
パンをつくる人	夜のはん（0時〜5時）							朝のはん（7時〜午後3時）															夜のはん（10時〜12時）	
じむの人										朝のはん（9時〜午後5時）														
配(はい)たつの人						朝のはん（5時〜12時）																		

(1) パン工場ではたらいている人を書きましょう。

① (　　　　) ② (　　　　)

③ (　　　　)

(2) パンをつくる人のはたらく時間を書きましょう。

① 夜のはんの人

…午後□時から午前□時まで

② 朝のはんの人

…午前□時から午後□時まで

パン工場ではたらく人は、パンをつくる人だけではないよ。

火事をふせぐ①

月　日　正答数　問／4問

次の図は、学校にある消ぼうせつびを表しています。

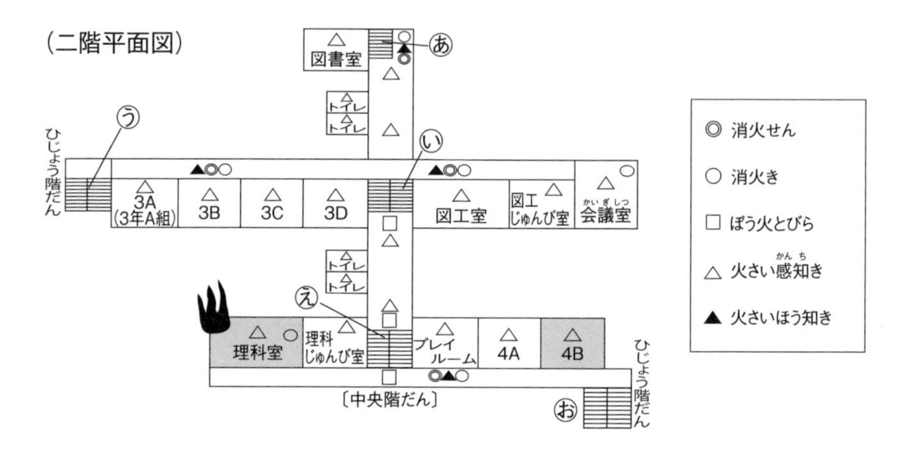

(1)　それぞれの教室の天じょうには、何がついていますか。

（　　　　　）

(2)　中央階だんには、火さい感知きと何が取りつけられていますか。

（　　　　　）

(3)　火さい感知きと消火きがせっちされているところは、どことどこですか。（　　　　　）（　　　　　）

(4)　3年B組にいたときに理科室から出火しました。あ～おのどの階だんを使ってひなんするのがよいですか。

（　　　　　）

火事をふせぐせつびには、いろいろなものがあるよ。

13

火事をふせぐ ②

次の図は、消ぼうのしくみについて書いたものです。

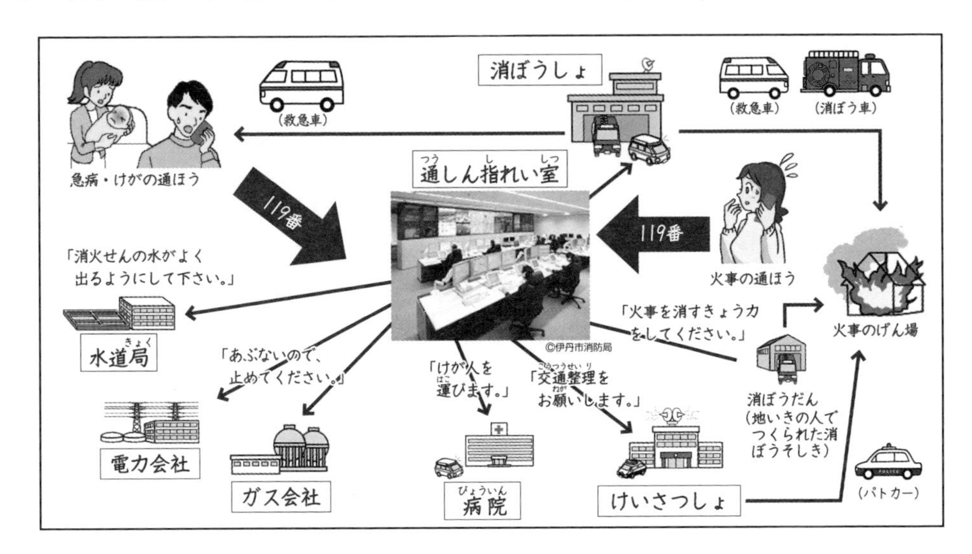

(1)　通ほうした電話は、どこにかかりますか。

（　　　　　　　　　　　　　）

(2)　(1)では火事のようすに合わせて、㋐～㋒のしせつへれんらくします。①～③にあてはまる記号を［　］からえらんで書きましょう。

①　消火せんの水がよく出るようにする。（　　）

②　消ぼう車を出動させ、消火活動をする。（　　）

③　消火活動しやすいように、交通整理をする。（　　）

㋐消ぼうしょ　　㋑けいさつしょ　　㋒水道局

通しん指れい室のやくわりをおぼえよう。

交通じこをふせぐ

月　日

正答数　問／6問

交通じこが起(お)こったとき、どうしたらいいのですか。次(つぎ)の図を見て答えましょう。

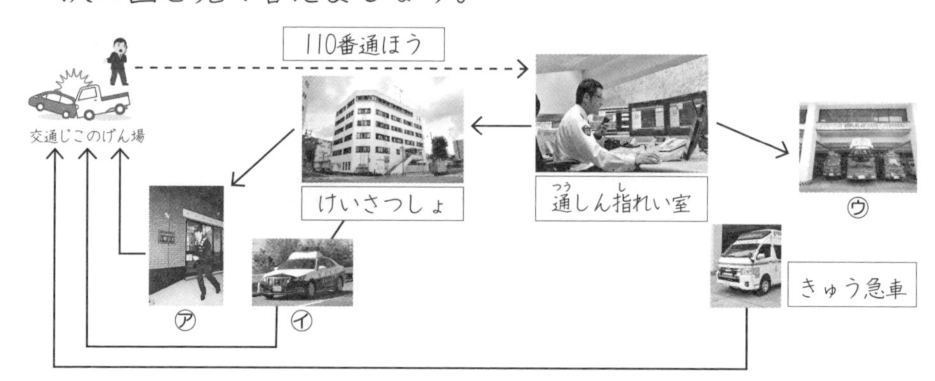

(1)　交通じこが起こったとき、何番に通ほうしますか。

（　　　　　番）

(2)　通ほうした電話はどこにつながりますか。

（　　　　　）

(3)　(2)はどこにれんらくしますか。（　　）にあてはまる言葉(ことば)を［　　］からえらんで書きましょう。

㋐（　　　　　）　㋑（　　　　　）

㋒（　　　　　）

［ 消(しょう)ぼうしょ　　パトロールカー　　交番 ］

(4)　けが人を病院(びょういん)へ運(はこ)ぶためにれんらくするところは、㋐～㋒のどれですか。（　　　　　）

交通じこが起きたら、110番通ほうだね。

15 安全なくらし

月　日
正答数
問／4問

次の図は、けいさつかんの仕事です。どんな仕事を表していますか。［　］からえらんで(　　)に書きましょう。

①

(　　　　　　)

②

(　　　　　　)

③

(　　　　　　)

④

(　　　　　　)

まいごをほごする　　道あんないをする
交通安全教室をする　　ちゅう車いはんの取りしまり

最近では自転車でのじこがふえているね。めんきょもなくだれでも乗れるけど、車と同じくらいスピードが出るんだ。気をつけよう。

16 昔のくらし、今のくらし

月　日

正答数　問/6問

1　①～⑤の道具について、名前をあ～お、今はどうかわっているかをⒶ～Ⓔよりえらんで記号で書きましょう。

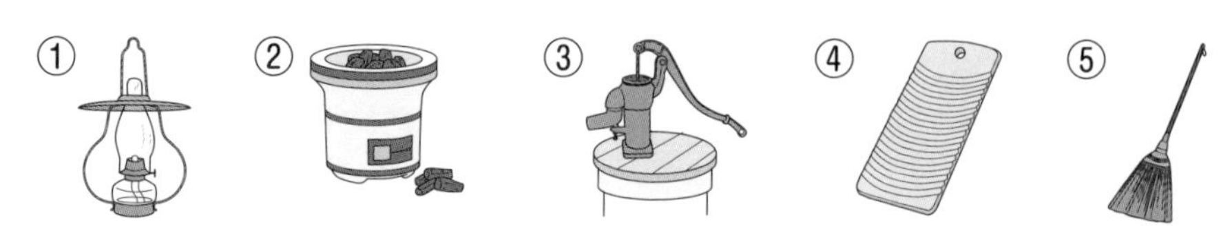

	①	②	③	④	⑤
名前					
今					

㋐ざしきほうき　㋑ポンプ　㋒しちりん　㋓ランプ　㋔せんたく板

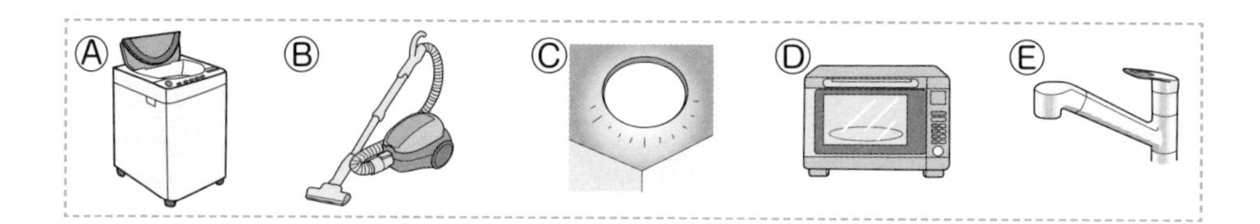

2　次の㋐、㋑の絵は、昔と今の食事のようすを表しています。どちらが昔のようすですか。記号で答えましょう。

㋐

㋑

（　　　）

㋑は、いなかのようすだよ。町では、おぜんをかこんで食べていたよ。

1 同じ漢字のちがう読み ①

月　日
正答数
問／9問

漢字の読みがなを書きましょう。

① 練習（　） 練る（　）

② 放水（　） 放す（　）

③ 向上（　） 向き（　）

④ 写生（　） 写す（　）

⑤ 天使（　） 使う（　）

⑥ 事実（　） 実る（　）

⑦ 乗車（　） 乗る（　）

⑧ 決心（　） 決める（　）

⑨ 住所（　） 住む（　）

右がわの漢字は音読み、左がわは訓読みになっているよ。２つの読み方をおぼえよう。

同じ漢字のちがう読み ②

月　日
正答数
問／9問

漢字(かんじ)の読みがなを書きましょう。

①
前進（　）
進む（　）

②
予習（　）
習う（　）

③
終点（　）
終わる（　）

④
速度（　）
速さ（　）

⑤
打者（　）
打つ（　）

⑥
調理（　）
調べ（　）

⑦
集金（　）
集まり（　）

⑧
転入（　）
転ぶ（　）

⑨
返事（　）
返す（　）

「速やか（すみやか）」「調う（ととのう）」「集う（つどう）」という、中学校で習う、むずかしい読み方もあるよ。

同じ漢字のちがう読み ③

月　日
正答数
問／9問

漢字(かんじ)の読みがなを書きましょう。

①
消火
消す

②
生命
命がけ

③
鉄橋
石橋

④
寒中
寒空

⑤
整数
整える

⑥
美人
美しい

⑦
指名
指薬

⑧
野球
球足

⑨
植物
植木

「指」は「指す(さす)」とも読むよ。たとえば、「東を指す」。

同じ漢字のちがう読み ④

月　日

正答数　問／9問

漢字の読みがなを書きましょう。

①
- 落語（　）
- 落ちる（　）

②
- 身長（　）
- 身軽（　）

③
- 休息（　）
- 一息（　）

④
- 悲鳴（　）
- 悲しむ（　）

⑤
- 反対（　）
- 反らす（　）

⑥
- 問題（　）
- 問う（　）

⑦
- 定休（　）
- 定め（　）

⑧
- 助手（　）
- 助ける（　）

⑨
- 祭日（　）
- 祭り（　）

定休は、「お店や会社などの決まった休み」のこと。定休日ともいうよ。

同じ漢字のちがう読み ⑤

月　日

正答数

問／9問

漢字(かんじ)の読みがなを書きましょう。

①
急病
急ぎ

②
配送
配る

③
追放
追う

④
投手
投げる

⑤
安心
安物

⑥
横転
口笛

⑦
屋外
長屋

⑧
飲食
飲む

⑨
海岸
川岸

「配」のつく二字じゅく語は、たくさんあるよ。「配合、配色、配線、配送、配電」などなど。

同じ漢字のちがう読み ⑥

月　日
正答数
問／9問

漢字（かんじ）の読みがなを書きましょう。

① 苦心（　）　苦手（　）

② 軽食（　）　軽い（　）

③ 歯科（　）　歯車（　）

④ 血色（　）　鼻血（　）

⑤ 空港（　）　港町（　）

⑥ 根気（　）　屋根（　）

⑦ 所持（　）　持つ（　）

⑧ 事実（　）　仕事（　）

⑨ 役者（　）　悪者（　）

「鼻血」は「鼻の血」だから、「はなぢ」だよ。「火事」「三時」「服地（ふくじ）」は、すべて「じ」だよ。

同じ漢字のちがう読み ⑦

月　日

正答数　問／9問

漢字（かんじ）の読みがなを書きましょう。

① 主人（　）　家主（　）

② 先取（　）　取る（　）

③ 油絵（　）　石油（　）

④ 重箱（　）　重荷（　）

⑤ 宿題（　）　宿屋（　）

⑥ 神話（　）　神様（　）

⑦ 名所（　）　台所（　）

⑧ 新緑（　）　緑色（　）

⑨ 真実（　）　真心（　）

「主」は、「しゅ」、「ぬし」のほかにも、「おも」という読み方があるよ。「主な産物、主なメンバー」など。

同じ漢字のちがう読み ⑧

月　日

正答数　問／9問

漢字（かんじ）の読みがなを書きましょう。

① 深海（　　）　深手（　　）

② 悪人（　　）　悪い（　　）

③ 石炭（　　）　炭火（　　）

④ 登校（　　）　登る（　　）

⑤ 短期（　　）　短い（　　）

⑥ 着地（　　）　着物（　　）

⑦ 電柱（　　）　貝柱（　　）

⑧ 運動（　　）　動き（　　）

⑨ 家庭（　　）　箱庭（　　）

「登」のつくことば、「登場」「登校」「登山」、全部（ぜんぶ）読めるかな。

同じ漢字のちがう読み ⑨

月　日
正答数
問／9問

漢字（かんじ）の読みがなを書きましょう。

① 汽笛（　　）　草笛（　　）

② 列島（　　）　島国（　　）

③ 商品（　　）　品物（　　）

④ 波長（　　）　波風（　　）

⑤ 毛筆（　　）　筆箱（　　）

⑥ 平和（　　）　平屋（　　）

⑦ 動物（　　）　たから物（　　）

⑧ 相談（　　）　相手（　　）

⑨ 皮肉（　　）　毛皮（　　）

「平」は、「平等」とも読めるよ。「物」も「生物」「作物」と読めるよ。読めるかな。

同じ漢字のちがう読み ⑩

月　日

正答数　問／9問

漢字(かんじ)の読みがなを書きましょう。

① 有名（　　）　有る（　　）

② 薬局（　　）　目薬（　　）

③ 様子（　　）　神様（　　）

④ 旅館（　　）　旅人（　　）

⑤ 遊泳（　　）　遊び（　　）

⑥ 道路（　　）　山路（　　）

⑦ 代理（　　）　代わる（　　）

⑧ 意味（　　）　味見（　　）

⑨ 流行（　　）　流れ（　　）

「代」は、「役目(やくめ)を交代する」「わかものの代表」とも読むよ。読めるかな？

11 同じ漢字のちがう読み ⑪

月　日

正答数　問／9問

漢字(かんじ)の読みがなを書きましょう。

① 子葉　青葉

② 羊毛　羊雲

③ 暗黒　暗やみ

④ 表面　表口

⑤ 鉄板　板前

⑥ 教育　育てる

⑦ 運送　運ぶ

⑧ 水泳　平泳ぎ

⑨ 化石　お化け

「表」は、「地図で表す」「うら表がある」とも読めるよ。読めるかな？

同じ漢字のちがう読み ⑫

月　日

正答数　問／9問

漢字(かんじ)の読みがなを書きましょう。

①
作曲（　）
曲がる（　）

②
幸福（　）
幸せ（　）

③
洋酒（　）
お酒（　）

④
全員（　）
全く（　）

⑤
注文（　）
注ぐ（　）

⑥
豆ふ（　）
豆まき（　）

⑦
氷山（　）
氷水（　）

⑧
委員（　）
委ねる（　）

⑨
世界（　）
世の中（　）

「幸」は、「幸せ」「不幸」「幸い」とも読めるよ。読めるかな？

13 漢字の書き ①

月　日

正答数　問 /15問

次の漢字を書きましょう。

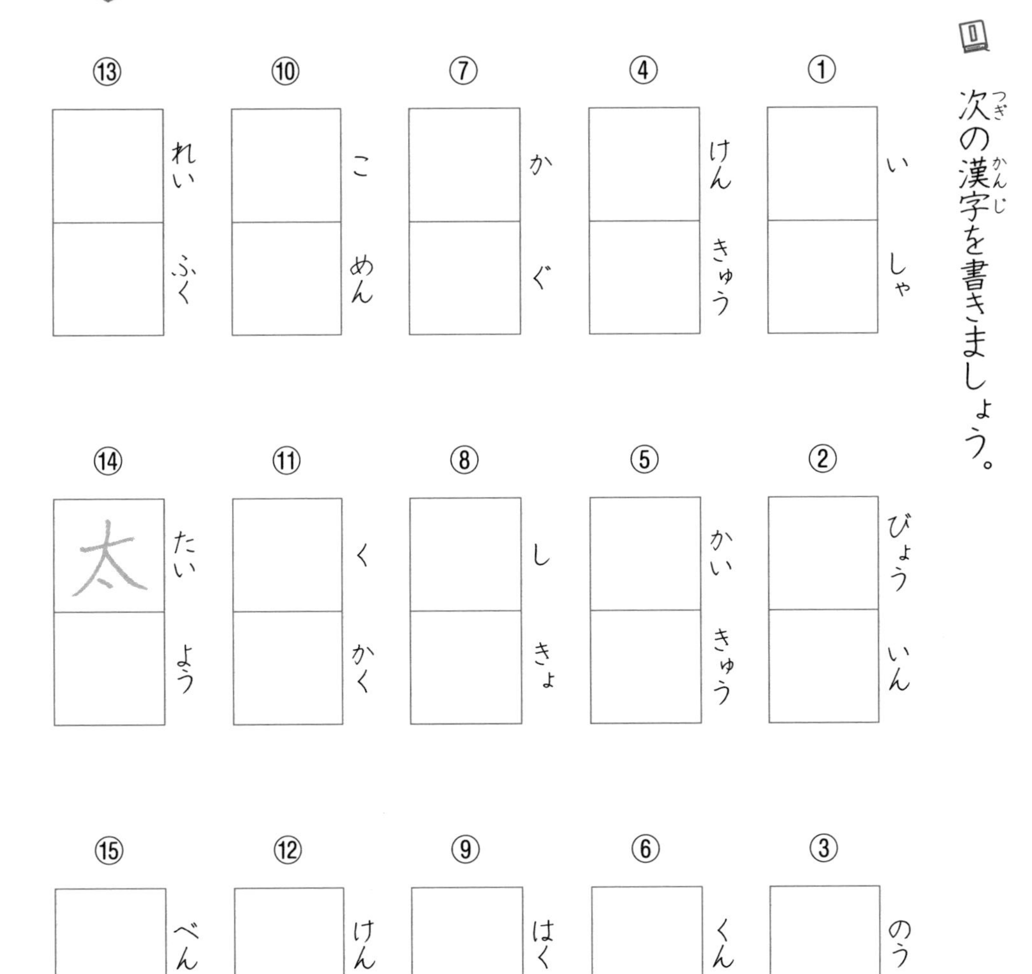

① いしゃ
② びょういん
③ のうぎょう
④ けんきゅう
⑤ かいきゅう
⑥ くんしゅ
⑦ かぐ
⑧ しきょ
⑨ はくぎん
⑩ こめん
⑪ くかく
⑫ けんりつ
⑬ れいふく
⑭ たいよう（太）
⑮ べんきょう

「はくぎん」とは銀のことだよ。雪をたとえて「はくぎんの世界」というよ。

漢字の書き ②

月　日

正答数

問 /15問

次の漢字を書きましょう。

① よそう
② しょうわ（和）
③ りゆう
④ ぶんしょう
⑤ しょうぶ
⑥ びょうどう
⑦ おんど（度）
⑧ じゅうばい
⑨ ほんしゅう
⑩ きょういく
⑪ ちゅうおう
⑫ ぶんこ
⑬ どうわ（話）
⑭ ゆみず
⑮ むかしばなし

②は、「しょうわ」の時代を表す漢字だよ。「平成」の前だね。

15 漢字の書き ③

月　日

正答数　問 /15問

次(つぎ)の漢字(かんじ)を書きましょう。

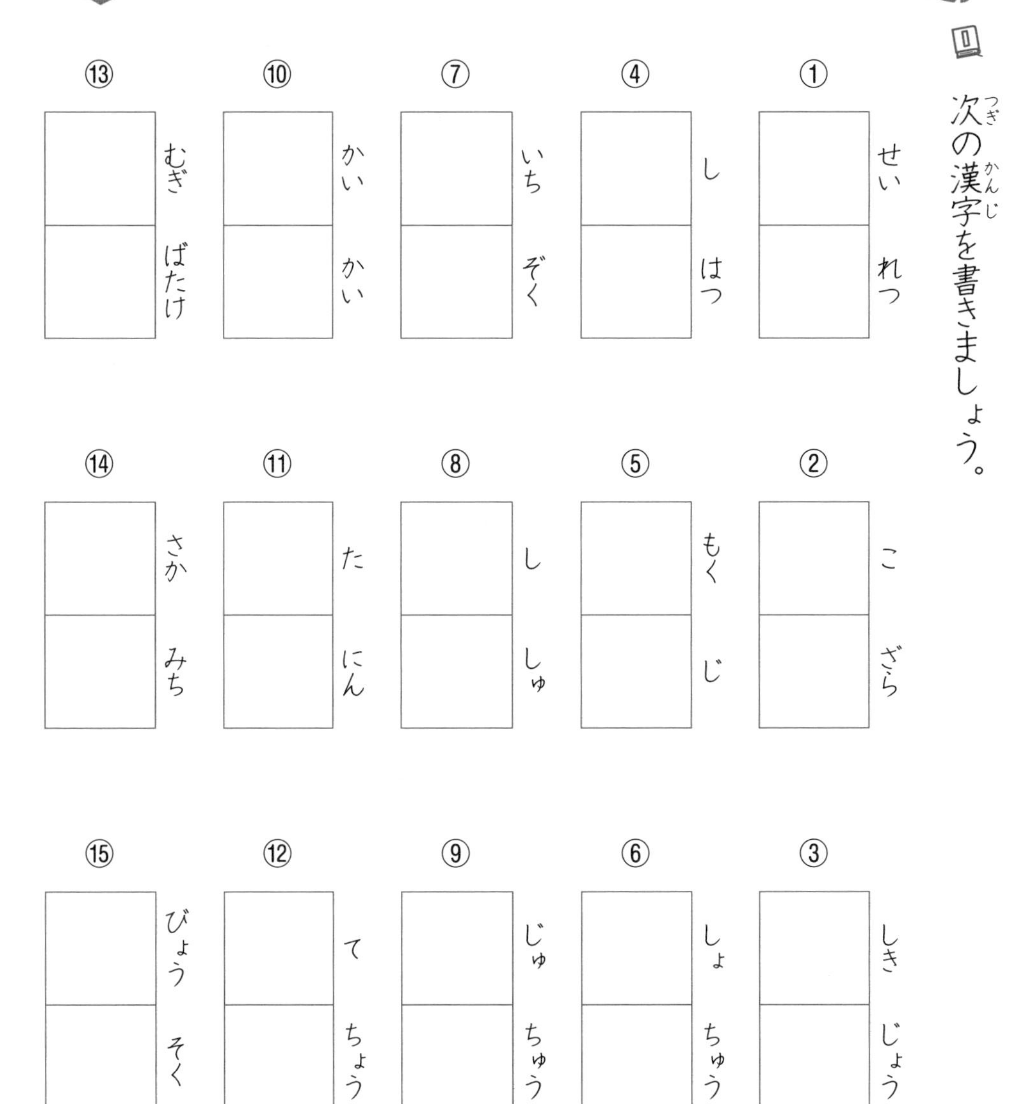

① せい れつ

② こ ざら

③ しき じょう

④ し はつ

⑤ もく じ

⑥ しょ ちゅう

⑦ いち ぞく

⑧ し しゅ

⑨ じゅ ちゅう

⑩ かい かい

⑪ た にん

⑫ て ちょう

⑬ むぎ ばたけ

⑭ さか みち

⑮ びょう そく

①は、「列をつくって、きれいにならぶこと」、⑨は、「注文を受けること」だよ。

16 漢字の書き ④

月　日

正答数　問 /15問

次(つぎ)の漢字(かんじ)を書きましょう。

① ひめい
② えきまえ
③ だいいち
④ きたい（待）
⑤ きりつ
⑥ きゃくしつ
⑦ かんどう
⑧ かんぶん
⑨ ばんごう
⑩ しじん
⑪ ぶぶん
⑫ りょうて
⑬ よこちょう
⑭ もうす（す）
⑮ ひろう（う）

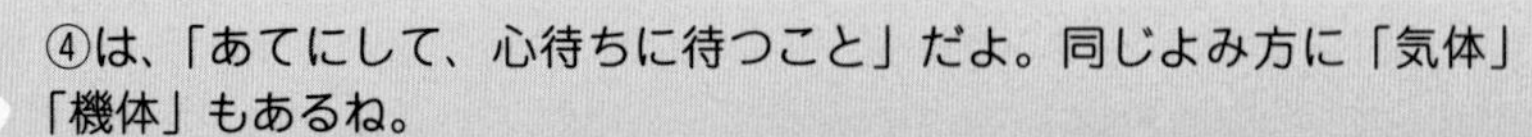

④は、「あてにして、心待ちに待つこと」だよ。同じよみ方に「気体」「機体」もあるね。

漢字のしりとり①

月　日

正答数

問／5問

□にあてはまる漢字を書きましょう。

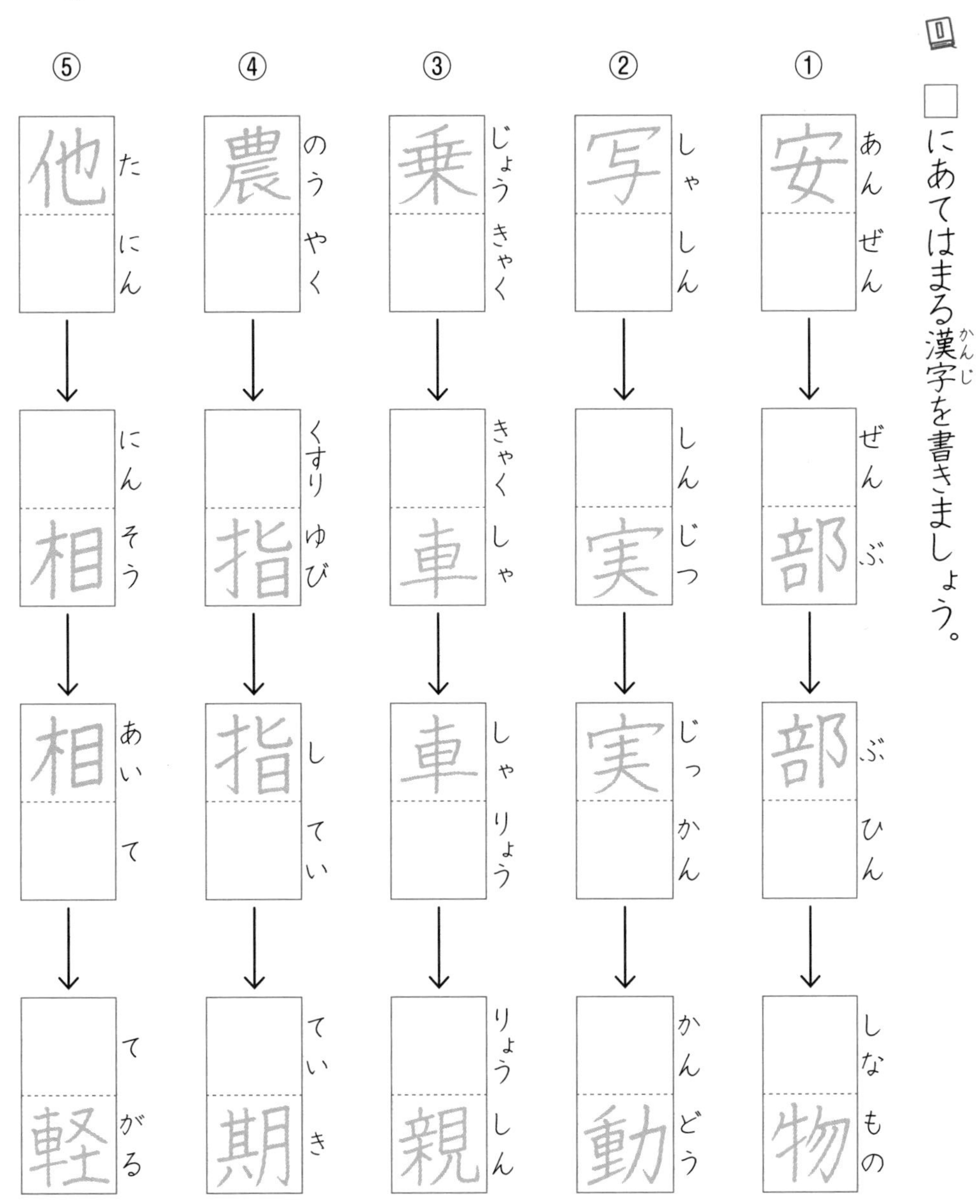

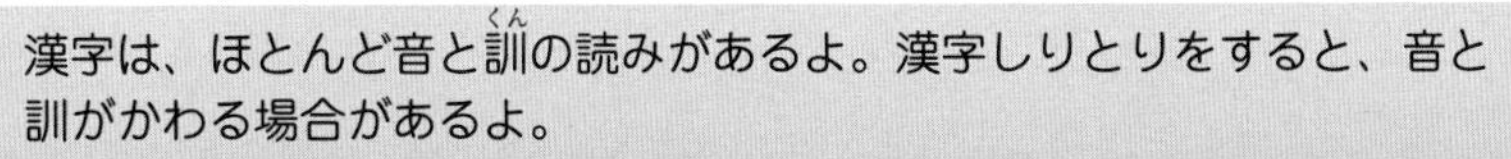
漢字は、ほとんど音と訓（くん）の読みがあるよ。漢字しりとりをすると、音と訓がかわる場合があるよ。

漢字のしりとり②

月　日
正答数
問／5問

□にあてはまる漢字を書きましょう。

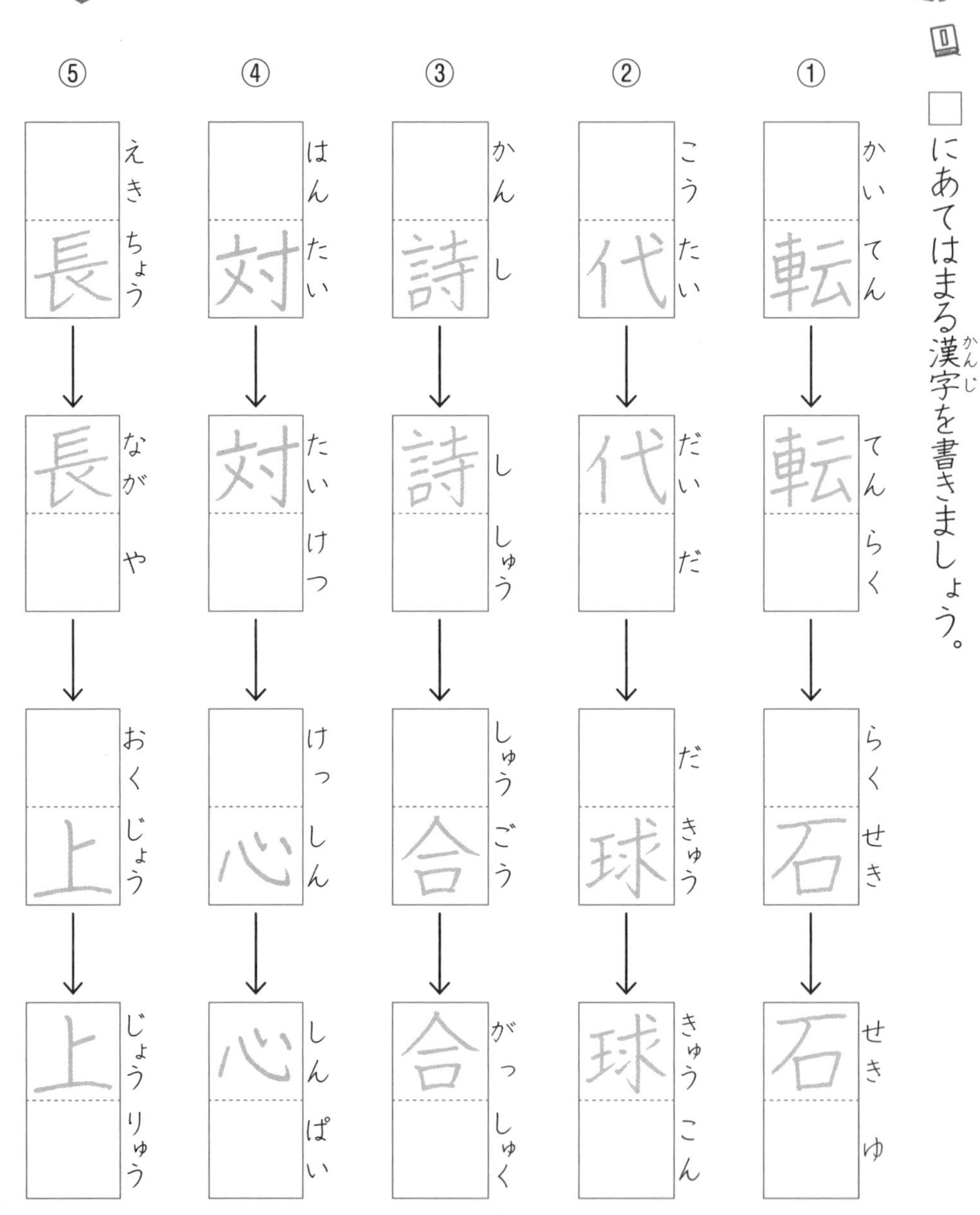

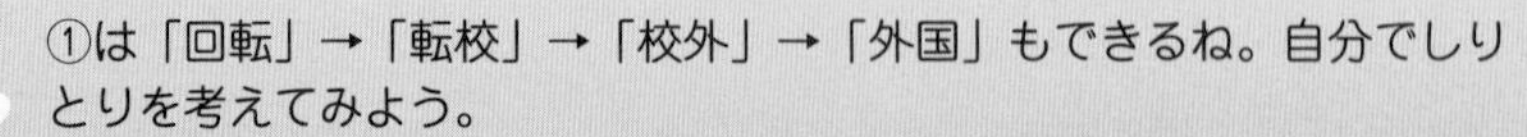
①は「回転」→「転校」→「校外」→「外国」もできるね。自分でしりとりを考えてみよう。

19 漢字のしりとり ③

月　日

正答数　問／5問

□にあてはまる漢字を書きましょう。

①
- 全□（ぜんしん）
- ↓
- 身□（しんたい）
- ↓
- 体□（たいじゅう）
- ↓
- 重□（おもに）

②
- 飲□（いんしゅ）
- ↓
- 酒□（さかや）
- ↓
- 屋□（やたい）
- ↓
- 台□（だいどころ）

③
- 商□（しょうひん）
- ↓
- 品□（しなもの）
- ↓
- 物□（ぶったい）
- ↓
- 体□（たいおん）

④
- 勉□（べんきょう）
- ↓
- 強□（きょうちょう）
- ↓
- 調□（ちょうわ）
- ↓
- 和□（わふく）

⑤
- 悪□（あくひつ）
- ↓
- 筆□（ふでばこ）
- ↓
- 箱□（はこにわ）
- ↓
- 庭□（ていえん）

②の「やたい」は、「小さい家の形をして動かせるようにした台のこと」、⑤の「あくひつ」は、「字がへたなこと」だよ。

20 漢字のしりとり④

月　日
正答数　問／5問

□にあてはまる漢字（かんじ）を書きましょう。

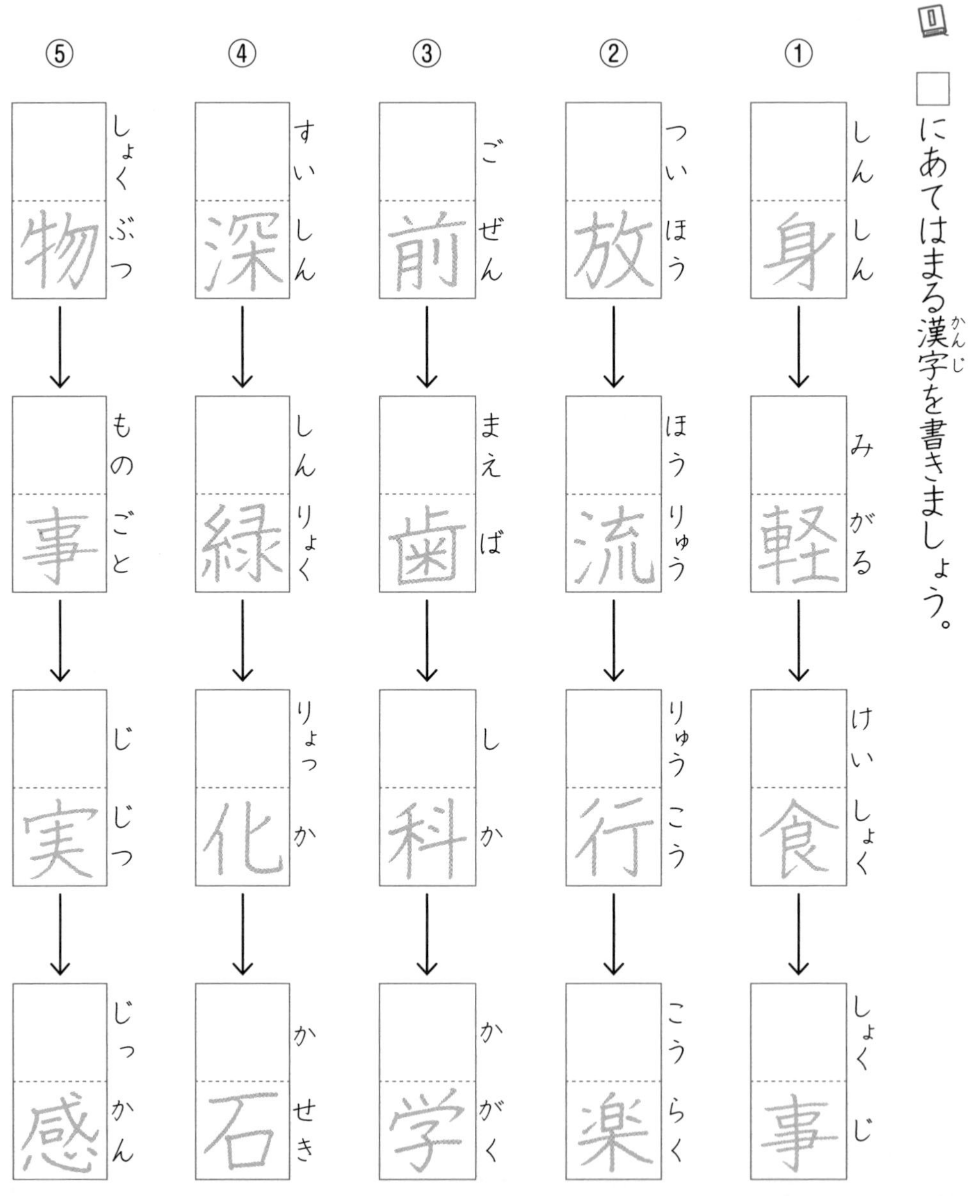

① しんしん □身 → みがる □軽 → けいしょく □食 → しょくじ □事

② ついほう □放 → ほうりゅう □流 → りゅうこう □行 → こうらく □楽

③ ごぜん □前 → まえば □歯 → しか □科 → かがく □学

④ すいしん □深 → しんりょく □緑 → りょっか □化 → かせき □石

⑤ しょくぶつ □物 → ものごと □事 → じじつ □実 → じっかん □感

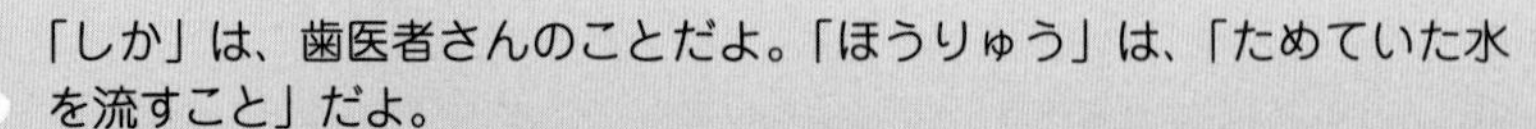

「しか」は、歯医者さんのことだよ。「ほうりゅう」は、「ためていた水を流すこと」だよ。

じゅく語づくり ①

月　日
正答数
問／4問

矢じるしの向き（む）にじゅく語ができます。□に入る漢字（かんじ）を［ ］からえらんで書きましょう。

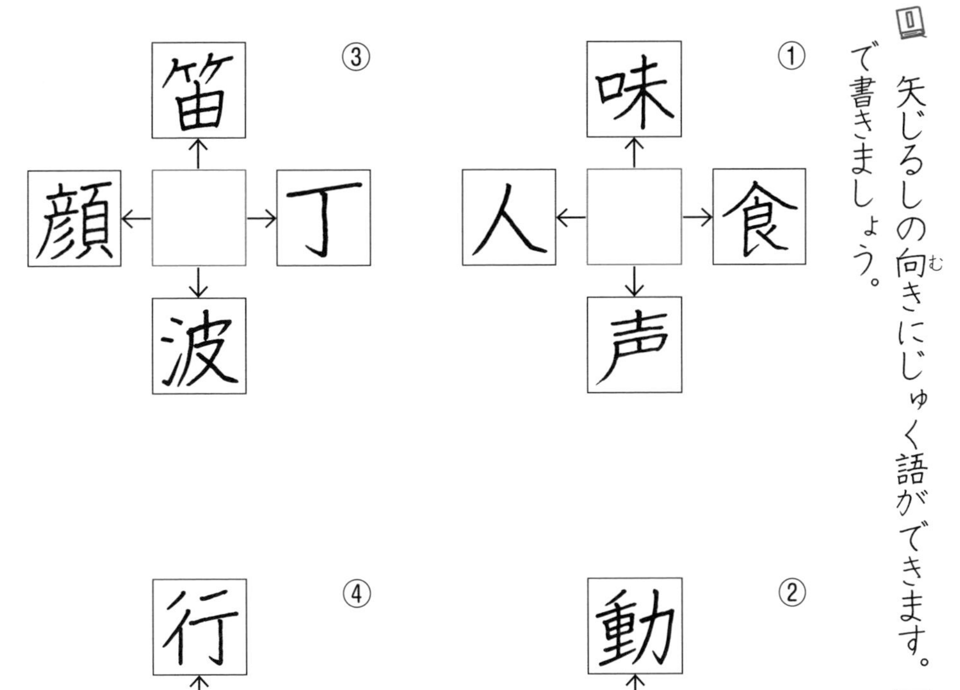

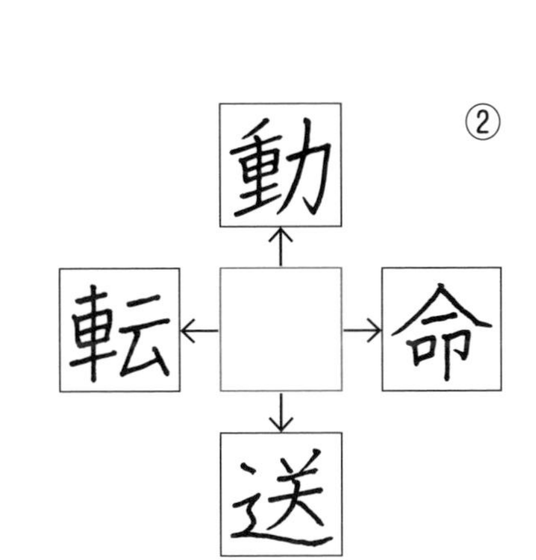

美　急　横　運

楽しいことばあそびだよ。自分でつくってみても楽しいよ。

22 じゅく語づくり ②

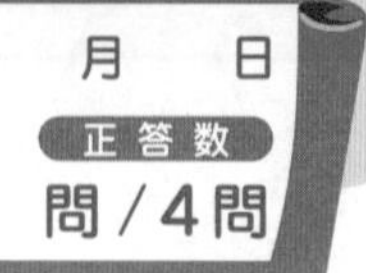

月　日
正答数
問／4問

矢じるしの向き（む）にじゅく語ができます。□に入る漢字（かんじ）を□からえらんで書きましょう。

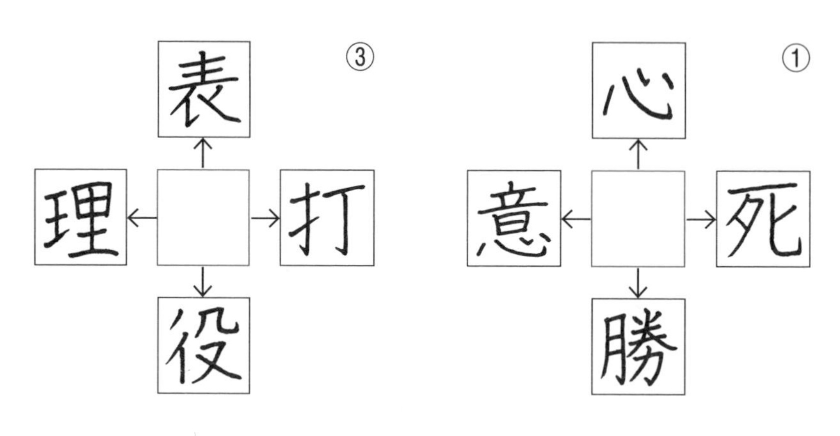

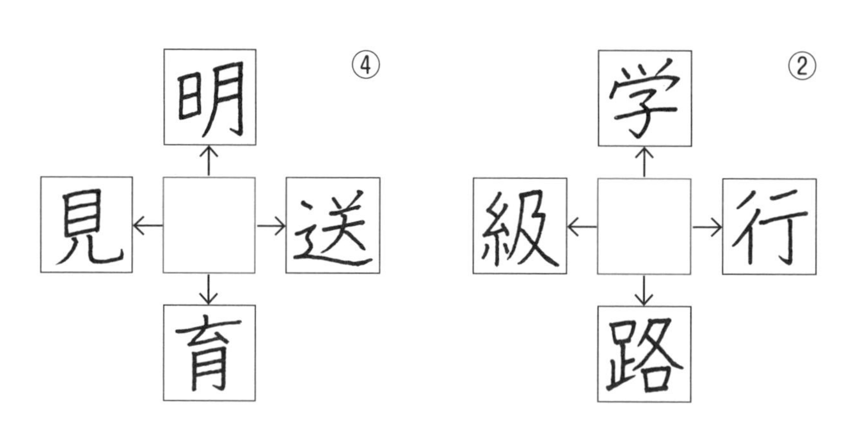

代　決　発　進

同じ漢字が上にくる二字じゅく語を集（あつ）めてみよう。

23 じゅく語づくり ③

月　日

正答数　問／4問

矢じるしの向き(む)きにじゅく語ができます。□に入る漢字(かんじ)を[　]からえらんで書きましょう。

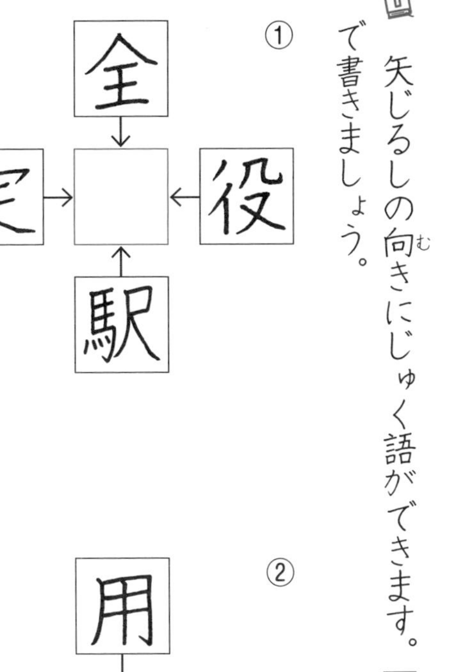

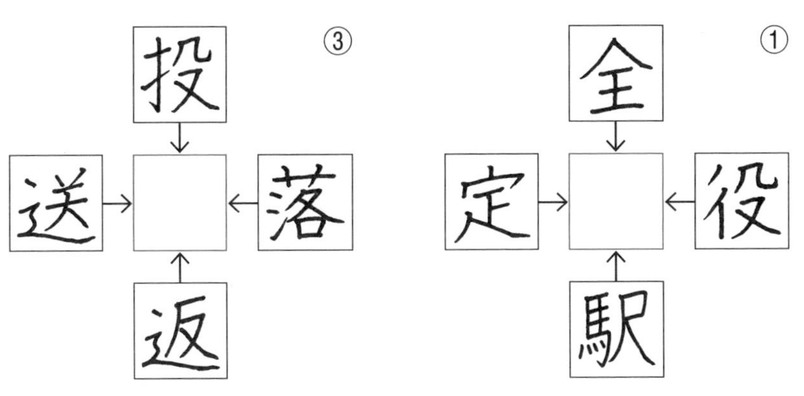

① 上：全　右：役　左：定　下：駅

③ 上：投　右：落　左：送　下：返

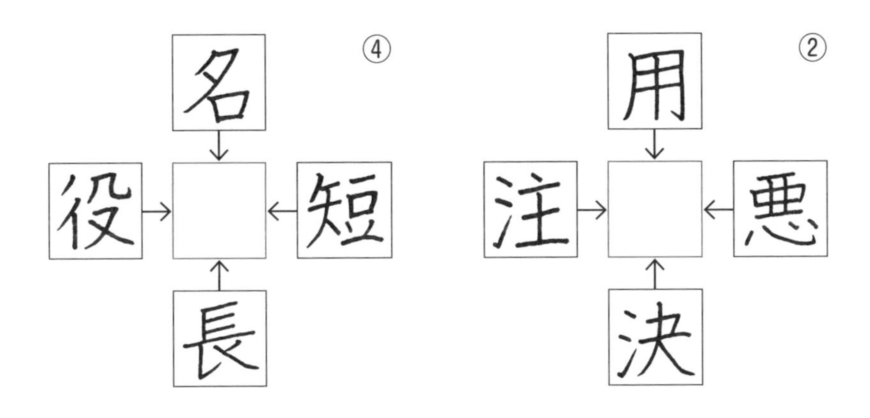

② 上：用　右：悪　左：注　下：決

④ 上：名　右：短　左：役　下：長

所　意　員　球

同じ漢字が下にくる二字じゅく語をさがすのは、むずかしいよ。できたらすごい！

24 じゅく語づくり ④

月　日
正答数
問／4問

矢じるしの向きにじゅく語ができます。□に入る漢字を⬚からえらんで書きましょう。

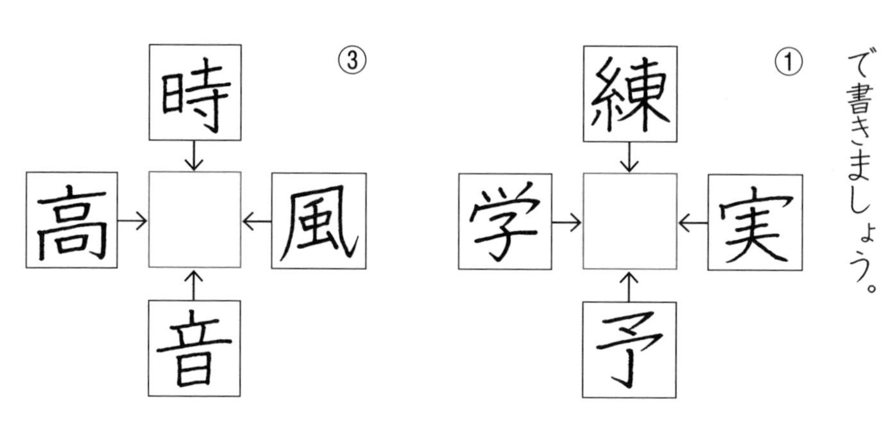

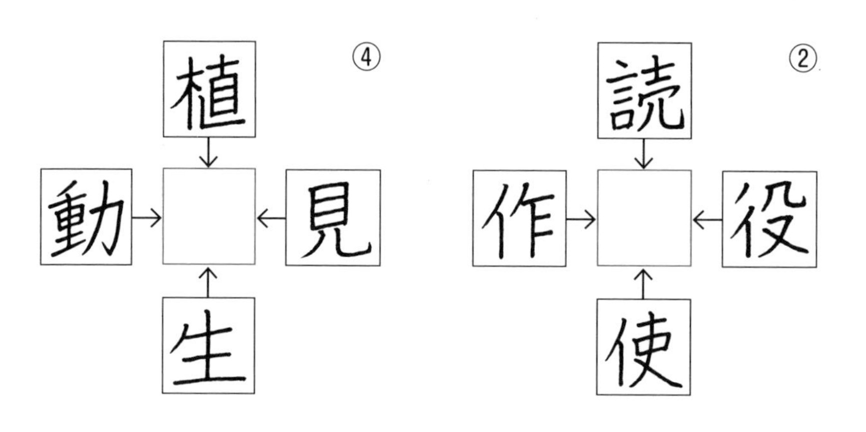

者　物　速　習

下に「物」がつく二字じゅく語はたくさんあるよ。作物、食物、荷物、品物、春物、人物などなど。

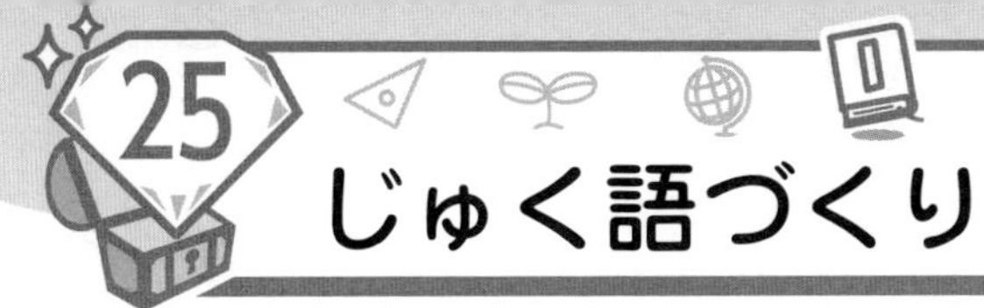

じゅく語づくり ⑤

月　日

正答数　問／4問

矢じるしの向きにじゅく語ができます。□に入る漢字を⬚からえらんで書きましょう。

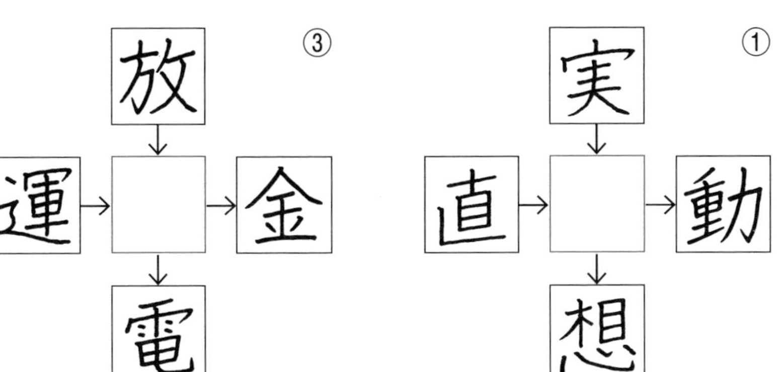

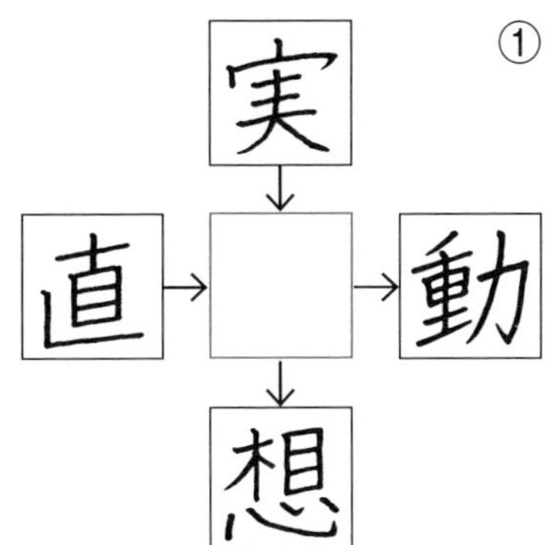

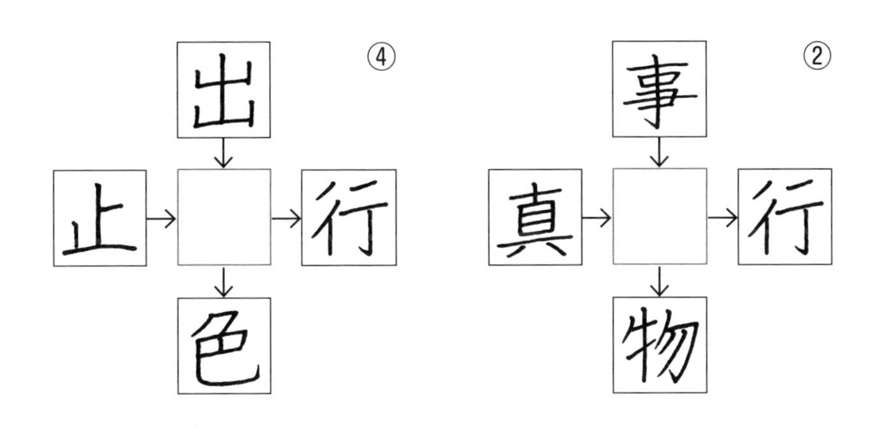

感　血　送　実

上にくる漢字、下にくる漢字を1つずつ書いてみよう。「直感」と「感動」、「実感」と「感想」などなど。

じゅく語づくり ⑥

月　日

正答数　問/4問

矢じるしの向きにじゅく語ができます。□に入る漢字を[　]からえらんで書きましょう。

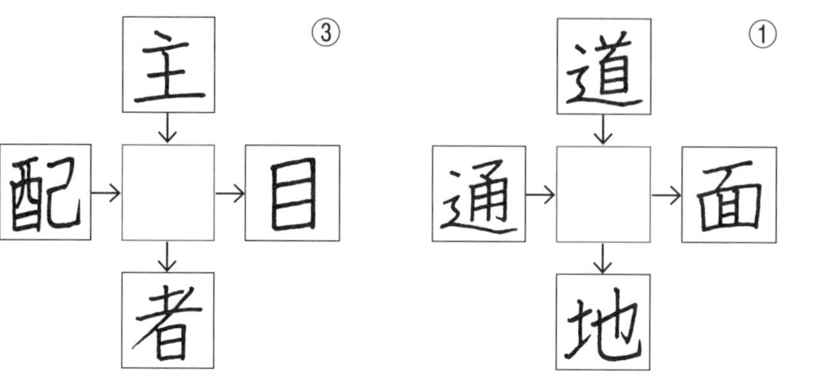

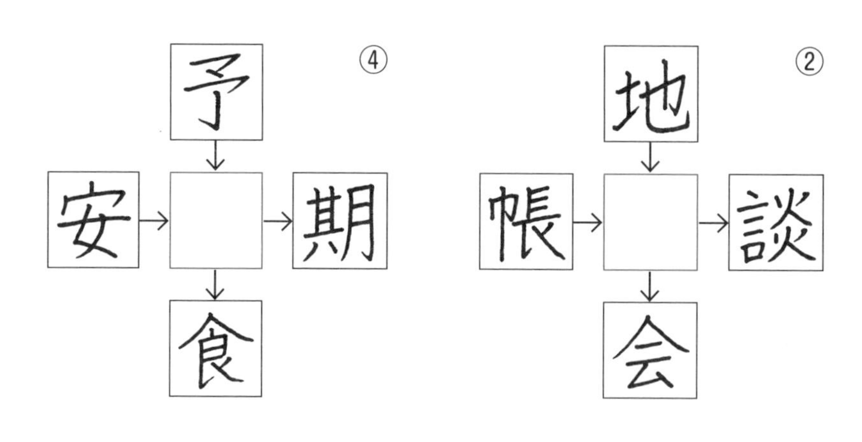

定　役　面　路

上にくる漢字、下にくる漢字を１つずつ書いてみよう。「通路」と「路面」、「道路」と「路地」などなど。

反対の意味の言葉 ①

月　日

正答数

問 /10問

反対(はんたい)の意味(いみ)の言葉(ことば)を［　］からえらんで書きましょう。

① 負(ま)ける ↕ ［　］

② 下がる ↕ ［　］

③ すてる ↕ ［　］

④ 止まる ↕ ［　］

⑤ 高い ↕ ［　］

⑥ おくれる ↕ ［　］

⑦ あさい ↕ ［　］

⑧ 売る ↕ ［　］

⑨ 入る ↕ ［　］

⑩ 重(おも)い ↕ ［　］

上がる　動(うご)く　進(すす)む　買う　軽(かる)い

勝(か)つ　拾(ひろ)う　ひくい　深(ふか)い　出る

反対の意味の言葉を［　］からえらぼう。

反対の意味の言葉 ②

月　日
正答数
問 /10問

反対(はんたい)の意味(いみ)の言葉(ことば)を［　］からえらんで書きましょう。

① 下校 ↕ ［　］

② 多数 ↕ ［　］

③ 安心(あんしん) ↕ ［　］

④ へい店 ↕ ［　］

⑤ 終業(しゅうぎょう) ↕ ［　］

⑥ ふく習(しゅう) ↕ ［　］

⑦ 下水 ↕ ［　］

⑧ 全体(ぜんたい) ↕ ［　］

⑨ 長所(ちょうしょ) ↕ ［　］

⑩ 下車 ↕ ［　］

上水　登校(とうこう)
心配(しんぱい)　予習(よしゅう)
乗車(じょうしゃ)　開店(かいてん)
少数　始業(しぎょう)
短所(たんしょ)　部分(ぶぶん)

下車と同じ意味で「こう車」があるよ。どちらも車からおりることだよ。

意味のにた言葉 ①

月　日
正答数
問 /10問

意味（いみ）のにた言葉（ことば）を［　］からえらんで書きましょう。

① 歩道 ―［　］
② ぜに ―［　］
③ きれい ―［　］
④ 書く ―［　］
⑤ もらう ―［　］
⑥ 開（あ）ける ―［　］
⑦ 話す ―［　］
⑧ とじる ―［　］
⑨ 走る ―［　］
⑩ 持（も）つ ―［　］

言う　道　いただく　かける　美（うつく）しい
記す　お金　しめる　開（ひら）く　つかむ

にた意味の言葉がほかにないか、さがしてみよう。

意味のにた言葉 ②

月　日
正答数
問 /10問

意味のにた言葉を［　］からえらんで書きましょう。

① ねむる ―［　］

② 帰る ―［　］

③ うしなう ―［　］

④ なぐる ―［　］

⑤ 歩く ―［　］

⑥ しゃべる ―［　］

⑦ 見る ―［　］

⑧ ほほえむ ―［　］

⑨ 食べる ―［　］

⑩ おこる ―［　］

話す　もどる　歩む　いかる　たたく　食う　なくす　わらう　ねる　ながめる

どう書くかなやんだら、［　］の言葉をよく見てみよう。

31 送りがな ①

月　日

正答数　問 /10問

送(おく)りがなの正しい方を□に書きましょう。

① 目が ｛悪るい／悪い｝ □

② むねが ｛苦しい／苦い｝ □

③ 戸を ｛開ける／開る｝ □

④ 放送(ほうそう)が ｛始まる／始る｝ 

⑤ 早く ｛起きる／起る｝ □

⑥ 根(ね)を ｛調べる／調る｝ 

⑦ 勝負(しょうぶ)を ｛決める／決る｝ □

⑧ イネが ｛実のる／実る｝ 

⑨ ねだんが ｛安すい／安い｝ □

⑩ 人を ｛集める／集る｝ 

まちがえやすい言葉は、ノートなどに書いておくといいよ。

送りがな ②

月　日
正答数
問 /10問

——のかたかなの漢字（かんじ）を［　］からえらんで正しく［　］に書きましょう。

① 気がミジカイ

② 木をウエル

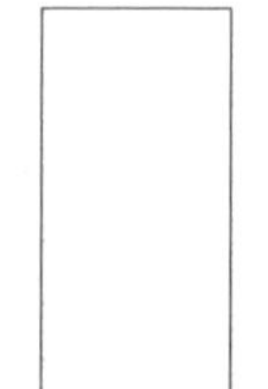

③ 火がキエル

④ 球（たま）をウケル

⑤ 図でアラワス

⑥ あなにオチル

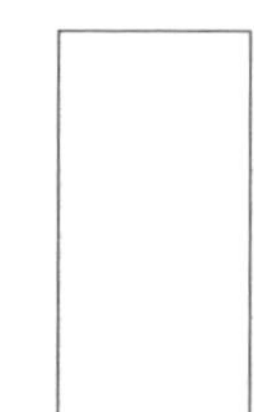

⑦ 皿（さら）をカサネル

⑧ 山にノボル

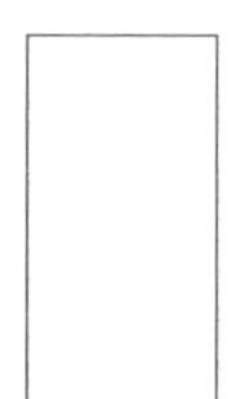

⑨ 球をナゲル

⑩ 星がナガレル

流　登　投　短　表　落　消　重　受　植

「あらわす」は表すと現すがあるよ。「気持ちを表す」「正体を現す」とおぼえるといいね。

33

主語とじゅつ語①

月　日

正答数　問／6問

次の文で、主語にあたる言葉に――線を引きましょう。

① 台風が　トタン屋根を　こわした。

② 赤ちゃんの　はだは　やわらかい。

③ 姉の　スニーカーは　新しい。

④ ジェットコースターは　遊園地に　ある。

⑤ うら庭に　タヌキが　いる。

⑥ ウグイスが　ホーホケキョと　鳴く。

主語になる言葉は、「～は」「～が」がヒントだよ。

主語とじゅつ語 ②

月　日

正答数

問／6問

次の文で、じゅつ語にあたる言葉に═線を引きましょう。

① 兄さんは　図書館へ　出かけます。

② タヌキが　ごろんと　ねころぶ。

③ 春山さんが　ホームランを　打った。

④ キリンの　首は　とても　長い。

⑤ アルプスの　山は　美しい。

⑥ 向こうの　なの花は　きれいだ。

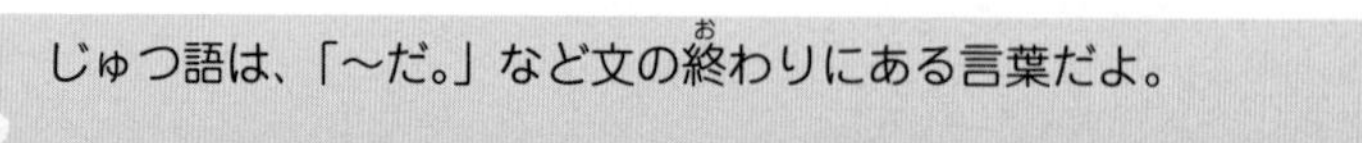

35

主語とじゅつ語 ③

月　日

正答数

問／6問

次の文で、主語にあたる言葉に――線を、じゅつ語にあたる言葉に＝＝線を引きましょう。

① 子馬が　元気よく　いななく。

② 夏川さんは　クラスで　一番の　人気者だ。

③ 駅前広場に　ふんすいは　ない。

④ 今年の　冬は　たいへん　寒い。

⑤ 今日の　おやつは　やきいもです。

⑥ 兄さんが　リンゴを　かじった。

じゅつ語を先に見つけると、主語がわかりやすいよ。ちなみに「いななく」とは、馬が声高く鳴くことだよ。

36 主語とじゅつ語 ④

月　日

正答数　問／6問

次の文で、主語にあたる言葉に——線を、じゅつ語にあたる言葉に＝線を引きましょう。

① 姉は　テニスクラブの　部長です。

② メダカは　すいすい　泳ぐ。

③ この　メロンは　とっても　あまい。

④ ツバメは　南の国に　帰ります。

⑤ 色画用紙は　一まいも　ありません。

⑥ ゾウの　赤ちゃんは　小さくて　かわいい。

「何は、なんだ」の文では、「何は」が主語、「なんだ」がじゅつ語だね。

37 こそあど言葉①

月　日

正答数　問／4問

次の①〜④の言葉の使い方を［　］からえらんで□に記号を書きましょう。

① これ・ここ　□

② それ・そこ　□

③ あれ・あそこ　□

④ どれ・どこ　□

㋐ 話し手、聞き手のどちらからも遠いとき

㋑ 話し手に近いとき

㋒ 聞き手に近いとき

㋓ 指ししめすものが、はっきりと決まらないとき

こそあど言葉は、よく使う言葉だよ。まちがって使うと意味がおかしくなって、つたわらないね。

38 こそあど言葉②

月　日

正答数　問／4問

□にあてはまる言葉(ことば)を[　]からえらんで書きましょう。

① 向(む)こうに白いたて物(もの)が見えるでしょう。
□が病院(びょういん)です。

② 二月三日は、せつ分です。
□日には、豆(まめ)まきをします。

③ わたしの足元に消(け)しゴムが落(お)ちている。
□はだれのものだろう。

④ おかずがいろいろあります。
□から先に食べようかな。

これ　あれ　どれ　その

こそあど言葉を使えるとべんりだよ。何回も使ってなれよう。

39 名前言葉①

月　日

正答数　問／4問

次の名前言葉を□からえらんで書きましょう。

① 人…

② 動物…

③ 植物…

④ 体の部分…

姉さん　カエル　スイカ　あたま　運転手　ラクダ

おなか　トマト　トンボ　女の子　ツクシ　せなか

名前言葉は、ほかにどんなものがあるかな。「乗り物」「食べ物」もあるね。

40 名前言葉②

月　日

正答数　問／4問

次の名前言葉を［　］からえらんで書きましょう。

① もの…

② 場所…

③ とき…

④ 方角いち…

上がわ	うしろ
ほう石	コップ
野球場	あした
南むき	こおり
きのう	市役所
小学校	きょう

「〜を表す言葉」とすると、よくわかるよ。「ものを表す言葉」のようにして考えてみよう。

41 ようす言葉

月　日

正答数　問／6問

次の文で、ようすを表す言葉に——線を引きましょう。

① 赤い 風船が とんで いく。

② おじいさんの ひげは 白い。

③ すずしい 風が ふいて いる。

④ 弟が、きらいな かみなりが 鳴る。

⑤ ゆかいな 歌声が 聞こえる。

⑥ わたしは 美しい 花を 見た。

「どんな」と考えるとわかりやすくなるよ。

42 動き言葉

月　日

正答数　問／6問

次の文で、動きを表す言葉に――線を引きましょう。

① 犬が　野原を　走る。

② ぼくは、大声で　なきました。

③ この　問題の　意味を　聞く。

④ 赤い　金魚が　泳ぐ。

⑤ 食事の　あとは　歯を　みがく。

⑥ おばあさんは、川へ　行った。

動きを表す言葉は、わかりやすいよ。

国語じてんの使い方 ①

月　日
正答数
問 / 4問

国語じてんで引いたとき、出てくるじゅんに番号(ばんごう)をつけましょう。

①
（　）ウシ
（　）カエル
（　）サンマ

②
（　）たのしい
（　）かなしい
（　）さびしい

③
（　）クラス
（　）くらげ
（　）くらす

④
（　）チーム
（　）ちえ
（　）チーズ

じてんには、「は」「ば」「ぱ」のじゅんに出ます。でも、２番目、３番目にくる字でかわるから、気をつけてね。

44 国語じてんの使い方 ②

月　日
正答数
問／4問

国語じてんで引いたとき、出てくるじゅんに番号(ばんごう)をつけましょう。

①
（　）バス
（　）はす
（　）パス

②
（　）ぱらぱら
（　）ばらばら
（　）はらはら

③
（　）じゅう
（　）じゆう
（　）しゅうい

④
（　）ねつ
（　）ねっこ
（　）ねこ

じてんで調(しら)べるとき、「ゅ」や「っ」があるとむずかしいけれど、「おぼえるよりは、じしょびきになれる」ことがいいね。

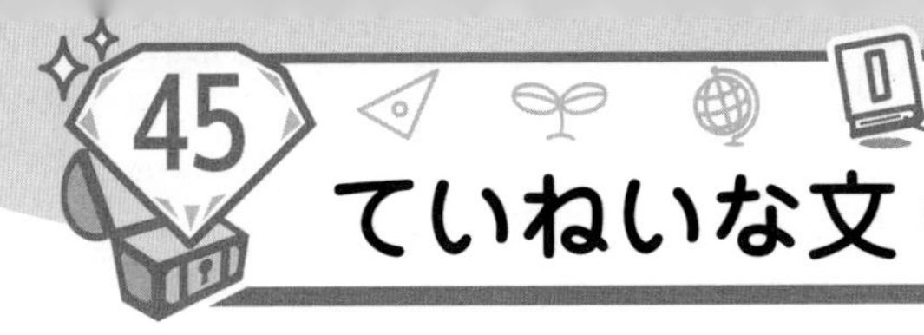

45 ていねいな文①

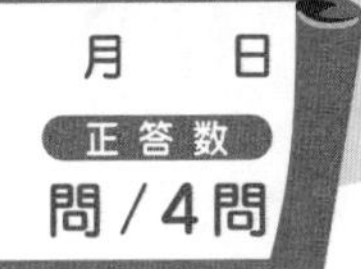

月　日

正答数　問／4問

次(つぎ)の文で、ていねいな言い方に○をつけましょう。

①
- ㋐（　）その店は、すぐ近くだ。
- ㋑（　）その店は、すぐ近くです。

②
- ㋐（　）弟は、小学一年生です。
- ㋑（　）弟は、小学一年生だ。

③
- ㋐（　）きのうの夜、カブトムシをとった。
- ㋑（　）きのうの夜、カブトムシをとりました。

④
- ㋐（　）引っこしは、楽ではありません。
- ㋑（　）引っこしは、楽ではない。

ていねいな言い方の方が、文が少し長くなるね。

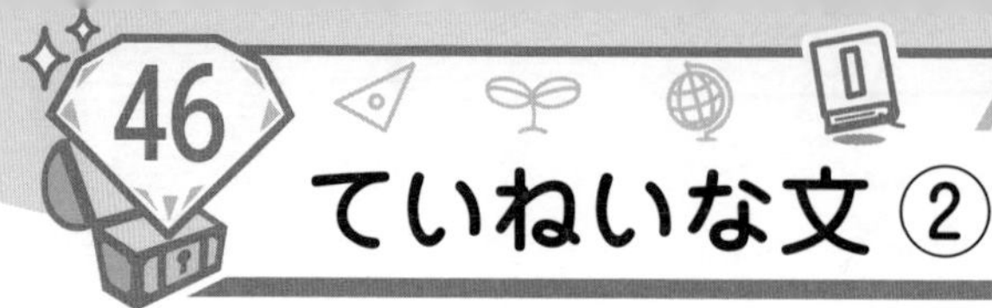

46

ていねいな文 ②

月　日

正答数

問／4問

次(つぎ)の文を、ていねいな言い方の文で書きましょう。

① 図工で、二時間も絵をかいた。

② 二重(にじゅう)とびが、やっとできるようになった。

③ リスのほおは、大きくふくらむ。

④ 四月から、公園の前の道は通れない。

人に話すときは、やっぱりていねいな言い方がいいね。

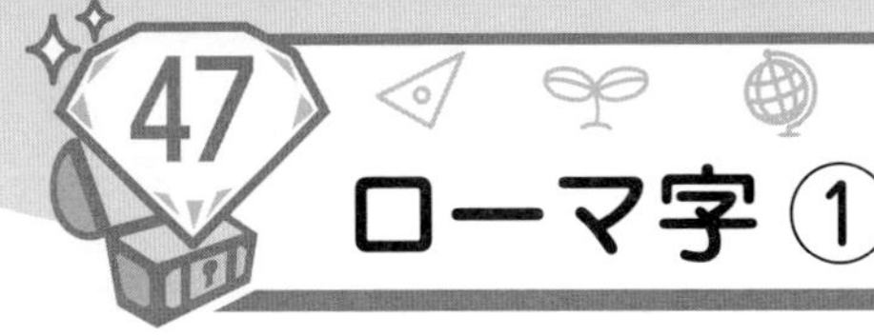

ローマ字①

ローマ字を読んで、ひらがなで書きましょう。

① ame
（　　　　）

② inu

（　　　　）

③ yama
（　　　　）

④ akuma
（　　　　）

⑤ monosasi
（　　　　）

⑥ dango
（　　　　）

⑦

neko
（　　　　）

⑧ syasin
（　　　　）

ローマ字は、1つ1つたしかめながら読もう。

ローマ字②

月　日

正答数　問 /15問

次の言葉をローマ字で書きましょう。

① あみ

ami

② りす

③ かわ

④ むら

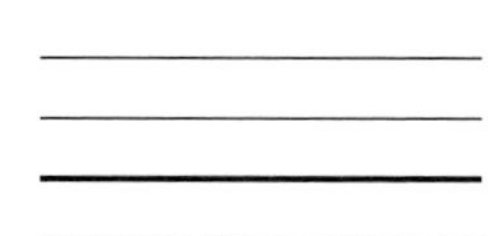

⑤ ほし

⑥ きしゃ

kisya

⑦ ちょきん

⑧ きゃべつ

⑨ きんぎょ

⑩ ひゃくえん

⑪ おかあさん

okâsan

⑫ さんすう

⑬ くうき

⑭ がっき

gakki

⑮ きっぷ

のばす言葉の上に＾がつくよ。＾がないと、⑪は「おかさん」、⑬は「くき」になってしまうよ。

1

アルファベットの大文字 ①

月　日

正答数

問 / 6問

A 次(つぎ)のアルファベットをなぞったあとに2回書きましょう。

① A A A

APPLE

② B B B

BANANA

③ C C C

CAT

④ D D D

DOG

⑤ E E E

ELEPHANT

⑥ F F F

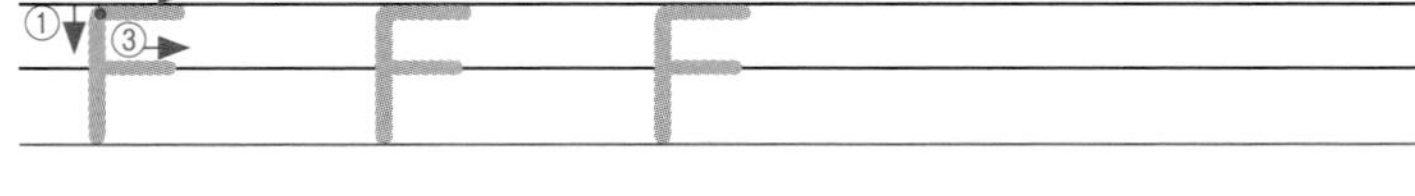

FISH

ゆっくり、ていねいに書いてね。

2 アルファベットの大文字 ②

月　日

正答数　問／6問

A 次のアルファベットをなぞったあとに2回書きましょう。

① GUITAR

G G G

② HARMONICA

H H H

③ ICE CREAM

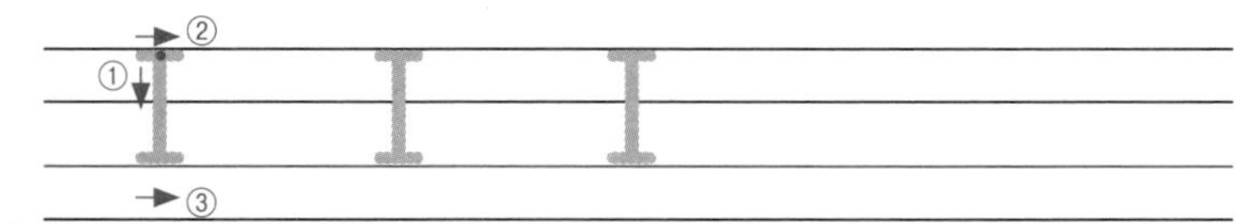

I I I

④ JUICE

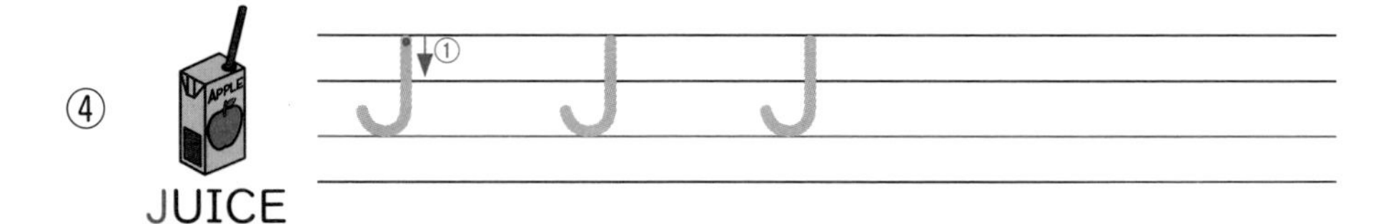

J J J

⑤ KOALA

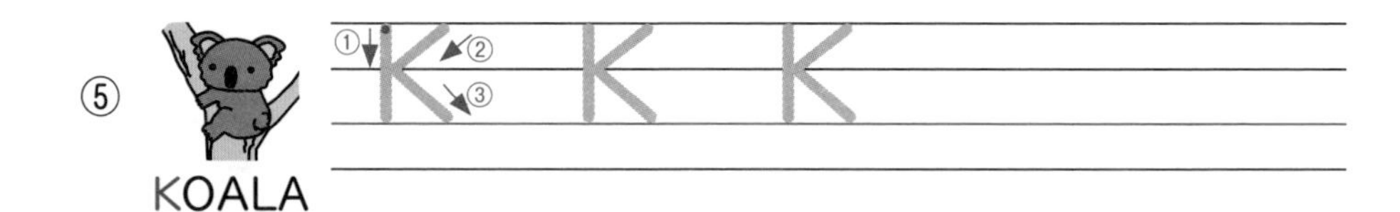

K K K

⑥ LEMON

L L L

GはGUITAR（ギター）の頭文字だね。

アルファベットの大文字 ③

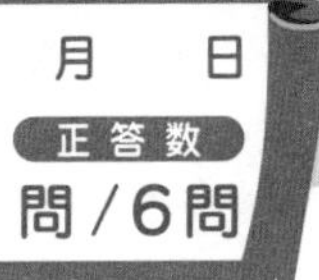

A 次(つぎ)のアルファベットをなぞったあとに2回書きましょう。

① M M M

MARKER PEN

② N N N

NOTEBOOK

③ O O O

ORANGE

④ P P P

PIANO

⑤ Q Q Q

QUEEN

⑥ 

RED

Mは、MARKER PEN（マーカーペン）の頭文字だね。

アルファベットの大文字 ④

A 次(つぎ)のアルファベットをなぞったあとに2回書きましょう。

① SKIRT

S S S

② TEA

T T T

③ UMBRELLA

U U U

④ VOLLEYBALL

V V V

⑤ WATCH

W W W

⑥ FOX

X X X

Sは、SKIRT（スカート）の頭文字だね。

アルファベットの大文字 ⑤

月　日
正答数
問／8問

1 次(つぎ)のアルファベットをなぞったあとに2回書きましょう。

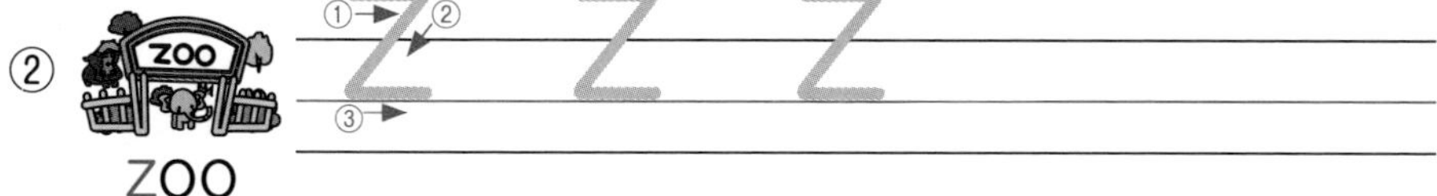

2 次の□にあてはまるアルファベットを大文字で書きましょう。

① □PPLE　② □ANANA

③ □AT　④ □OG

⑤ □LEPHANT　⑥ □ISH

Yは、YELLOW（イエロー、黄色）の頭文字だね。

6 アルファベットの大文字 ⑥

A 次(つぎ)の□にあてはまるアルファベットを大文字で書きましょう。

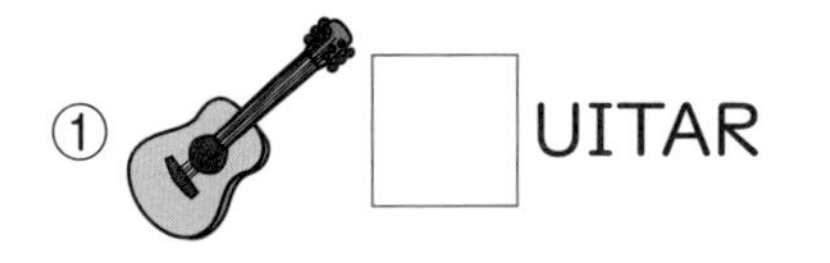

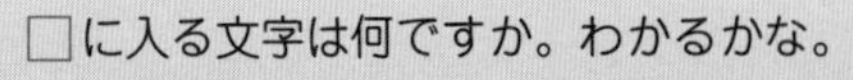

アルファベットの大文字 ⑦

A 次(つぎ)の□にあてはまるアルファベットを大文字で書きましょう。

① □UEEN

② □ED

  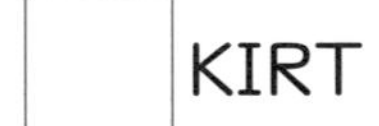
③ □KIRT

④ □EA

⑤ □MBRELLA

⑥ □OLLEYBALL

⑦ □ATCH

⑧ FO□

⑨ □ELLOW

⑩ □OO

□に入る文字が、わかるかな。

アルファベットの小文字 ①

A 次（つぎ）のアルファベットをなぞったあとに2回書きましょう。

① announcer

a a a

② bird

b b b

③ cake

c c c

④ dodge ball

d d d

⑤ eraser

e e e

⑥ french fries

f f f

こんどは小文字だよ。aはannouncer（アナウンサー）の頭文字だね。

アルファベットの小文字 ②

A 次(つぎ)のアルファベットをなぞったあとに2回書きましょう。

① glove

g g g

② horse

h h h

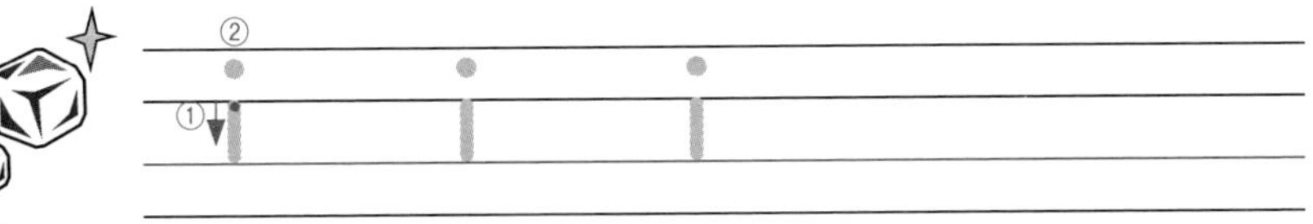

③ ice

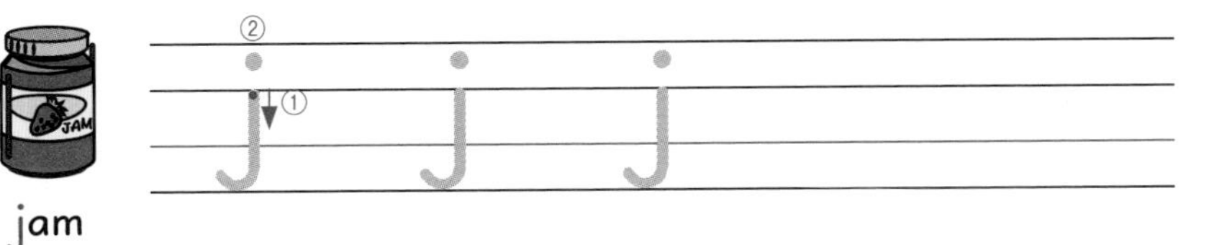

④ jam

⑤ kiwi fruit

k k k

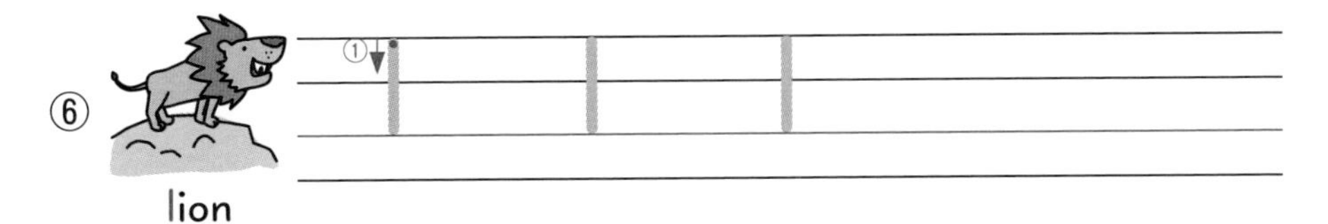

⑥ lion

gは、glove（グローブ）の頭文字だね。

10 アルファベットの小文字 ③

A 次(つぎ)のアルファベットをなぞったあとに2回書きましょう。

① music
m m m

② nurse
n n n

③ octopus
o o o

④ pizza
p p p

⑤ quiz
q q q

⑥ rabbit
r r r

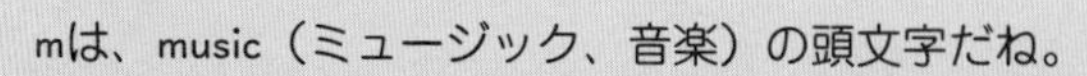
mは、music（ミュージック、音楽）の頭文字だね。

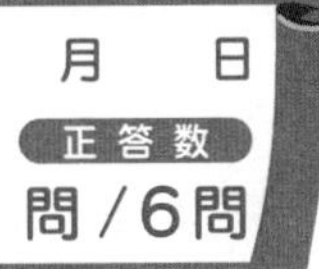

アルファベットの小文字 ④

月　日

正答数

問／6問

A 次(つぎ)のアルファベットをなぞったあとに2回書きましょう。

① strawberry

s s s

② table

t t t

③ uniform

u u u

④ violin

v v v

⑤ white

w w w

⑥ box

x x x

sは、strawberry（ストロベリー、いちご）の頭文字だね。

12 アルフアベットの小文字 ⑤

月　日

正答数 問／8問

1 次(つぎ)のアルファベットをなぞったあとに2回書きましょう。

① 
yacht

① ② y y y

② 
zebra

① ② ③ z z z

2 次の□にあてはまるアルファベットを小文字で書きましょう。

① 

□nnouncer

②  □ird

③  □ake

④  □odge ball

⑤  □raser

⑥ 

□rench fries

yは、yacht（ヨット）の頭文字だね。

13 アルファベットの小文字 ⑥

A 次(つぎ)の□にあてはまるアルファベットを小文字で書きましょう。

① 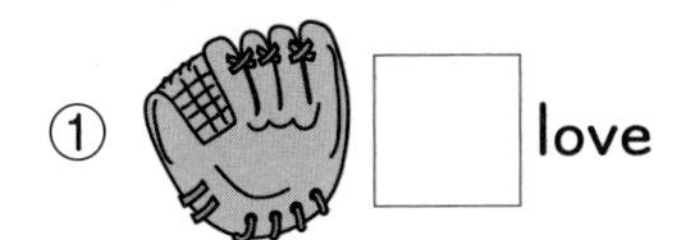 □love

②  □orse

③  □ce

④  □am

⑤  □iwi fruit

⑥  □ion

⑦  □usic

⑧  □urse

⑨  □ctopus

⑩ 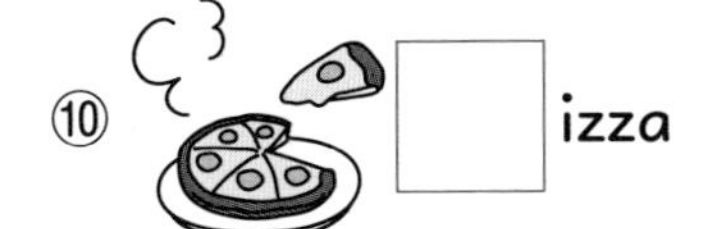 □izza

□に入る文字は、わかるかな。

14 アルファベットの小文字 ⑦

月　日
正答数　問 /10問

A 次(つぎ)の□にあてはまるアルファベットを小文字で書きましょう。

①  □uiz

②   □abbit

③ 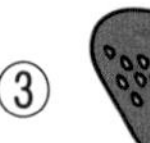 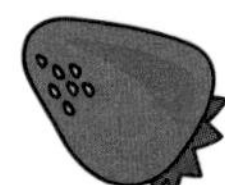 □trawberry

④   □able

⑤   □niform

⑥   □iolin

⑦   □hite

⑧   bo□

⑨   □acht

⑩  □ebra

□に入る文字は、わかるかな。

算数

1　時こくと時間 ①

① ㋐ 午前７時５分
　 ㋑ 午前７時45分
　 ㋒ 40分

② ㋐ 午後４時33分
　 ㋑ 午後８時14分
　 ㋒ ３時間41分

2　時こくと時間 ②

[1] ① 80分　② ２時間38分
[2] ① ３分40秒　② ６分45秒
[3] ① 120秒　② 190秒
[4] ６時間20分

3　円と球 ①

[1] ① ５cm　② ２cm５mm
[2] 直径　６cm　半径　３cm

4　円と球 ②

[1] ① 12cm　② 18cm
[2] ① ４cm　② 24cm

5　３けたのたし算 ①

[1] 216＋103＝319　答え　319円
[2] 155＋583＝738　答え　738円

6　３けたのたし算 ②

①	697	②	569	③	509
④	577	⑤	649	⑥	666
⑦	662	⑧	887	⑨	742
⑩	719	⑪	637	⑫	677

7　３けたのたし算 ③

[1] 365＋375＝740　答え　740円
[2] 278＋425＝703　答え　703円

8　３けたのたし算 ④

①	554	②	737	③	565
④	852	⑤	873	⑥	945
⑦	933	⑧	910	⑨	510
⑩	702	⑪	803	⑫	600

9　３けたのひき算 ①

[1] 580－220＝360　答え　360円
[2] 630－150＝480　答え　480円

10　３けたのひき算 ②

①	652	②	146	③	400
④	242	⑤	223	⑥	246
⑦	471	⑧	355	⑨	307
⑩	208	⑪	377	⑫	275

11　３けたのひき算 ③

[1] 532－258＝274　答え　274円
[2] 610－355＝255　答え　255円

12　３けたのひき算 ④

①	348	②	356	③	389
④	346	⑤	289	⑥	398
⑦	417	⑧	286	⑨	516
⑩	336	⑪	412	⑫	15

13　４けたの計算 ①

①	8778	②	8985
③	9968	④	6560
⑤	7364	⑥	7481
⑦	13658	⑧	13736

⑭ 4けたの計算 ②

① 4238　② 2572
③ 7432　④ 2582
⑤ 1394　⑥ 2647
⑦ 1726　⑧ 5739

⑮ わり算 ①

1 56÷7＝8　答え　8cm
2 28÷4＝7　答え　7人
3 48÷6＝8　答え　8こ

⑯ わり算 ②

①	3	②	7	③	6	④	3
⑤	4	⑥	2	⑦	3	⑧	9
⑨	3	⑩	8	⑪	3	⑫	7
⑬	6	⑭	4	⑮	2	⑯	5
⑰	8	⑱	9	⑲	8	⑳	9

⑰ わり算 ③

1 36÷6＝6　答え　6たば
2 30÷6＝5　答え　5ふくろ
3 72÷8＝9　答え　9人

⑱ わり算 ④

①	5	②	7	③	7	④	6
⑤	8	⑥	6	⑦	6	⑧	8
⑨	5	⑩	5	⑪	8	⑫	9
⑬	7	⑭	9	⑮	2	⑯	4
⑰	6	⑱	7	⑲	5	⑳	9

⑲ あまりのあるわり算 ①

1 26÷4＝6あまり2
答え　1人分は6こで、2こあまる
2 46÷8＝5あまり6
答え　1列に5まいで、6まいあまる
3 45÷6＝7あまり3
答え　7人に配れて、3こあまる

⑳ あまりのあるわり算 ②

① 8…1　② 5…1
③ 8…2　④ 5…1
⑤ 6…1　⑥ 7…6
⑦ 6…3　⑧ 8…2
⑨ 9…2　⑩ 7…4
⑪ 8…3　⑫ 7…1
⑬ 5…3　⑭ 7…4
⑮ 4…7　⑯ 5…3
⑰ 3…4　⑱ 3…1
⑲ 6…3　⑳ 4…4

㉑ あまりのあるわり算 ③

1 31÷7＝4あまり3
答え　4週間と3日
2 53÷8＝6あまり5
答え　1人分は6こで、5こあまる
3 40÷6＝6あまり4
答え　6人に配れて、4こあまる

㉒ あまりのあるわり算 ④

① 1…3　② 7…1
③ 7…3　④ 3…6
⑤ 5…5　⑥ 4…3
⑦ 1…5　⑧ 6…4
⑨ 2…4　⑩ 6…4
⑪ 2…6　⑫ 4…7
⑬ 8…7　⑭ 3…2
⑮ 2…6　⑯ 7…5
⑰ 8…4　⑱ 2…7
⑲ 6…8　⑳ 8…2

23 大きい数 ①

㋐ 160　㋑ 240
㋒ 1600　㋓ 2400
㋔ 16000　㋕ 24000
㋖ 16万　㋗ 24万
㋘ 160万　㋙ 240万

24 大きい数 ②

① 1 2 5 5 7 0 0 0 0
一億二千五百五十七万（人）
② 6 1 0 9 0 0 0 0
六千百九万（人）
③ 6 4 4 8 0 0 0 0
六千四百四十八万（人）

25 かけ算の筆算 ①

① 315　② 504　③ 312
④ 522　⑤ 553　⑥ 504
⑦ 301　⑧ 224　⑨ 102
⑩ 406　⑪ 531　⑫ 351

26 かけ算の筆算 ②

1 ① 738　② 594　③ 756
④ 675　⑤ 778　⑥ 980
2 ① 4548　② 7866　③ 5676
④ 2875　⑤ 3941　⑥ 2340

27 かけ算の筆算 ③

① 1984　② 1288　③ 2940
④ 1764　⑤ 2403　⑥ 2622
⑦ 3108　⑧ 2001　⑨ 2352

28 かけ算の筆算 ④

① 1026　② 1012　③ 1008
④ 1431　⑤ 1512　⑥ 1512
⑦ 2166　⑧ 4959　⑨ 2310

29 かけ算の筆算 ⑤

① 4899　② 2982　③ 5246
④ 4945　⑤ 7953　⑥ 9072
⑦ 7038　⑧ 8316　⑨ 6135

30 かけ算の筆算 ⑥

① 27244　② 13284　③ 12663
④ 56163　⑤ 15842　⑥ 57498
⑦ 59496　⑧ 62331　⑨ 45424

31 長さ ①

1 ① 道のり　② きょり
③ 2000　④ 5000　⑤ 6
2 ① 10km　② 6km
③ 11km　④ 13km
⑤ 4km　⑥ 5km
⑦ 5km　⑧ 8km

32 長さ ②

① ㋑，2km840m
② ㋓，100m短い
③ 5km860m

33 小数 ①

1 ① 5.4L　② 0.7L　③ 4.6cm
④ 0.4cm　⑤ 4.2kg
2 ① 35　② 48　③ 60
④ 50　⑤ 142

34 小数 ②

1 ① 0.3　② 0.8　③ 1
④ 3.2　⑤ 4.2　⑥ 4.5
⑦ 12.3　⑧ 17.5

② ① 0.3 ② 0.7 ③ 0.9
④ 1.2 ⑤ 1.7 ⑥ 2.1

35 小数 ③

① 2.9 ② 2.6 ③ 5.7 ④ 0.8
⑤ 1.2 ⑥ 1.2 ⑦ 9.5 ⑧ 8.4
⑨ 13.3 ⑩ 13.4 ⑪ 14.9 ⑫ 10.4
⑬ 10 ⑭ 10 ⑮ 11 ⑯ 12

36 小数 ④

① 0.5＋2.6＝3.1 答え 3.1kg
② 1.2＋2＝3.2 答え 3.2L
③ 3.6＋4.7＝8.3 答え 8.3m

37 小数 ⑤

① 1.8 ② 0.7 ③ 2.4 ④ 3.7
⑤ 1.8 ⑥ 1.6 ⑦ 1.3 ⑧ 3.8
⑨ 4 ⑩ 3 ⑪ 3 ⑫ 2
⑬ 0.6 ⑭ 0.2 ⑮ 0.8 ⑯ 0.1

38 小数 ⑥

① 7 −2.5＝4.5 答え 4.5L
② 3.2−0.5＝2.7 答え 2.7kg
③ 1.2−0.4＝0.8 答え 0.8L

39 三角形 ①

しょうりゃく

40 三角形 ②

① しょうりゃく
② ① 二等辺三角形
② 正三角形
③ 正三角形

41 分数 ①

① ○がつく方 ① $\frac{2}{5}$ ② $\frac{5}{7}$
② ① ㋐ $\frac{2}{10}$ ㋑ $\frac{7}{10}$ ㋒ $\frac{9}{10}$
② ㋓ 0.3 ㋔ 0.8 ㋕ 1.1

42 分数 ②

① ① $\frac{4}{6}$ ② $\frac{3}{5}$ ③ $\frac{4}{7}$
④ $\frac{5}{8}$ ⑤ $\frac{5}{10}$ ⑥ $\frac{8}{9}$
② ① $\frac{3}{11}$ ② $\frac{4}{9}$ ③ $\frac{2}{8}$
④ $\frac{5}{9}$ ⑤ $\frac{3}{10}$ ⑥ $\frac{2}{5}$

43 表とグラフ ①

① 5分 ② 45分
③ 30分 ④ 6月8日，60分

44 表とグラフ ②

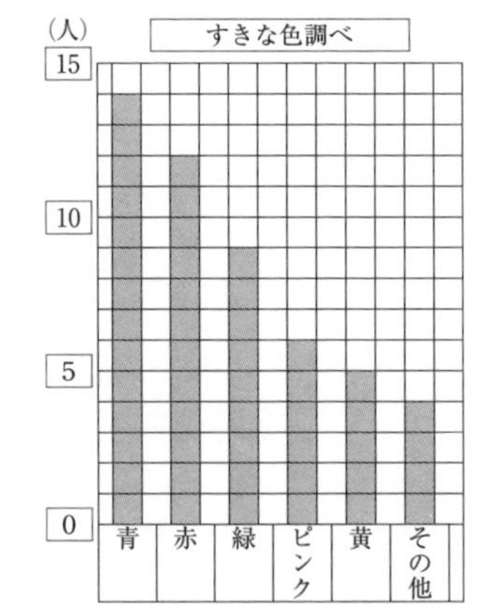

45 □を使った式 ①

① 12＋□＝20
② □− 5 ＝ 9
③ □× 4 ＝48
④ 30÷□＝ 6

46 □を使った式 ②

1 13＋□＝20
2 42÷□＝6
3 □－5＝11
4 □×4＝40

47 重さ ①

1 ㋐ 140g ㋑ 250g ㋒ 360g
㋓ 640g ㋔ 955g
2 ① 3kg600g ② 700g

48 重さ ②

1 ① g ② kg ③ g ④ kg
2 ① 5 ② 10
3 ① 200 ② 2
③ 500 ④ 350
4 ① 3t ② 7t
③ 20t ④ 40t
⑤ 54t ⑥ 68t

理 科

1 かんさつのしかた ①

(1) ① 筆記用具 ② かんさつカード
③ あみ ④ 虫かご
(①，②のじゅん番自由)
(2) ① 虫めがね ② 形
③ 大きさ ④ 思ったこと
(②，③のじゅん番自由)

2 かんさつのしかた ②

(1) ハルジオン
(2) 野原
(3) 晴れ
(4) さとう めぐみ
(5) ① 人 ② おったり
③ 日光 ④ 高い

3 草花を育てよう ①

1 ① × ② ○ ③ ○
④ × ⑤ ○
2 ① ㋑ ② ㋓ ③ ㋐ ④ ㋒

4 草花を育てよう ②

1 ① 2 ② 50
2 ① 本葉 ② 子葉
③ くき ④ 根
3 ① 2 ② 4 ③ 1 ④ 3

5 こん虫をさがそう ①

(1) ㋐ アゲハ ㋑ モンシロチョウ
(2) ① 頭 ② むね ③ はら
(3) あし 6本，はね 4まい
(4) ○がつくもの ①，②，④

6 こん虫をさがそう ②

1 (1) ㋐ たまご ㋑ せい虫
㋒ さなぎ ㋓ よう虫
(2) ㋐ せい虫 ㋑ よう虫
㋒ たまご ㋓ さなぎ
2 ②，③，⑤

7 風とゴムのはたらき ①

1 ① ○ ② ○ ③ ○
④ × ⑤ ×
2 ㋑
3 ① 強 ② 切 ③ 弱 ④ 中

8 風とゴムのはたらき ②

(1) ㋐，㋒
(2) ㋑

(3) ① のび　② ねじれ
③ 動かす　④ 長く
⑤ 大きく　⑥ ねじる

9 かげと太陽 ①

1 ① かげ　② 太陽　③ 動き
2 (1) ④、⑤（じゅん番は自由）
(2) ②、③（じゅん番は自由）
(3) ㋐

10 かげと太陽 ②

1 ① 17℃　② 15℃
③ 23℃　④ 18℃
2 ① ×　② ○　③ ○　④ ×
⑤ ×　⑥ ○　⑦ ×

11 光であそぼう

1 ① 日光　② 明るく
③ 目　④ 顔
⑤ 丸く　⑥ 四角
⑦ 三角
2 (1) ㋐
(2) ㋓
(3) ②

12 明かりをつけよう ①

1 ① マイナス　② かん電池
③ どう線　④ わ
2 ① ○　② ×　③ ×　④ ○

13 明かりをつけよう ②

1 ① ○　② ○　③ ○
④ ×　⑤ ×　⑥ ×
2 ① 金ぞく　② プラスチック
③ わりばし　④ コップ

14 じしゃく

1 ① ×　② ○　③ ×　④ ○
⑤ ×　⑥ ×　⑦ ○　⑧ ×
⑨ ○　⑩ ×
2 ① ×　② ○　③ ×　④ ○

15 ものと重さ

1 鉄
2 ㋐
3 ㋐

16 音のつたわり方

(1) ① たたき　② 水
③ 波
(2) ① わゴム　② はじき
③ ふるえて　④ 強く
⑤ 大きな

社 会

1 絵地図 ①

① ○　② ×　③ ○
④ ○　⑤ ×

2 絵地図 ②

① お寺 と 病院（じゅん番は自由）
② 鉄道　③ 消ぼうしょ
④ 交番

3 地図のきまり ①

1 (1) ① 北　② 北東　③ 東
④ 南東　⑤ 南　⑥ 南西
⑦ 西　⑧ 北西
(2) 八方位

2 ○がつくもの ①，④

4 地図のきまり ②

1 ① けいさつしょ
② 消ぼうしょ
③ 病院
④ ゆうびん局
⑤ 学校

2 ①—ウ
②—ア
③—イ

5 地図のきまり ③

(1) ① ゆうびん局 ② 病院
(2) ① 図書館 ② 市役所
(3) 田
(4) 南西

6 くらしと商店 ①

① ウ ② ア ③ イ ④ エ

7 くらしと商店 ②

1 ① ア ② ウ ③ イ ④ エ
2 ① 商店がい
② コンビニエンスストア

8 畑ではたらく人々の仕事 ①

①—イ
②—エ
③—オ
④—ア
⑤—ウ

9 畑ではたらく人々の仕事 ②

(1) しゅんぎく ねぎ きゅうり
キャベツ（じゅん番は自由）
(2) きゅうり
(3) ねぎ きゅうり（じゅん番は自由）
(4) 近くの市場

10 工場ではたらく人々の仕事 ①

① エ ② ウ ③ ア
④ オ ⑤ イ

11 工場ではたらく人々の仕事 ②

(1) ① パンをつくる人
② じむの人
③ 配たつの人
(2) ① 午後10時から午前５時まで
② 午前７時から午後３時まで

12 火事をふせぐ ①

(1) 火さい感知き
(2) ぼう火とびら
(3) 会議室，理科室（じゅん番は自由）
(4) ウ

13 火事をふせぐ ②

(1) 通しん指れい室
(2) ① ウ ② ア
③ イ

14 交通じこをふせぐ ①

(1) 110番
(2) 通しん指れい室
(3) ア 交番
イ パトロールカー
ウ 消ぼうしょ
(4) ウ

⑮ 安全なくらし

① ちゅう車いはんの取りしまり
② まいごをほごする
③ 道あんないをする
④ 交通安全教室をする

⑯ 昔のくらし、今のくらし

1
① ㋓, Ⓒ　② ㋒, Ⓓ　③ ㋑, Ⓔ
④ ㋔, Ⓐ　⑤ ㋐, Ⓑ
2 ㋑

国語

1 同じ漢字のちがう読み ①

① れんしゅう・ねる
② ほうすい・はなす
③ こうじょう・むき
④ しゃせい・うつす
⑤ てんし・つかう
⑥ じじつ・みのる
⑦ じょうしゃ・のる
⑧ けっしん・きめる
⑨ じゅうしょ・すむ

2 同じ漢字のちがう読み ②

① ぜんしん・すすむ
② よしゅう・ならう
③ しゅうてん・おわる
④ そくど・はやさ
⑤ だしゃ・うつ
⑥ ちょうり・しらべ
⑦ しゅうきん・あつまり
⑧ てんにゅう・ころぶ
⑨ へんじ・かえす

3 同じ漢字のちがう読み ③

① しょうか・けす
② せいめい・いのちがけ
③ てっきょう・いしばし
④ かんちゅう・さむぞら
⑤ せいすう・ととのえる
⑥ びじん・うつくしい
⑦ しめい・くすりゆび
⑧ やきゅう・たまあし
⑨ しょくぶつ・うえき

4 同じ漢字のちがう読み ④

① らくご・おちる
② しんちょう・みがる
③ きゅうそく・ひといき
④ ひめい・かなしむ
⑤ はんたい・そらす
⑥ もんだい・とう
⑦ ていきゅう・さだめ
⑧ じょしゅ・たすける
⑨ さいじつ・まつり

5 同じ漢字のちがう読み ⑤

① きゅうびょう・いそぎ
② はいそう・くばる
③ ついほう・おう
④ とうしゅ・なげる
⑤ あんしん・やすもの
⑥ おうてん・くちぶえ
⑦ おくがい・ながや
⑧ いんしょく・のむ
⑨ かいがん・かわぎし

⑥ 同じ漢字のちがう読み ⑥

① くしん・にがて
② けいしょく・かるい
③ しか・はぐるま
④ けっしょく・はなぢ
⑤ くうこう・みなとまち
⑥ こんき・やね
⑦ しょじ・もつ
⑧ じじつ・しごと
⑨ やくしゃ・わるもの

⑦ 同じ漢字のちがう読み ⑦

① しゅじん・やぬし
② せんしゅ・とる
③ せきゆ・あぶらえ
④ じゅうばこ・おもに
⑤ しゅくだい・やどや
⑥ しんわ・かみさま
⑦ めいしょ・だいどころ
⑧ しんりょく・みどりいろ
⑨ しんじつ・まごころ

⑧ 同じ漢字のちがう読み ⑧

① しんかい・ふかで
② あくにん・わるい
③ せきたん・すみび
④ とうこう・のぼる
⑤ たんき・みじかい
⑥ ちゃくち・きもの
⑦ でんちゅう・かいばしら
⑧ うんどう・うごき
⑨ かてい・はこにわ

⑨ 同じ漢字のちがう読み ⑨

① きてき・くさぶえ
② れっとう・しまぐに
③ しょうひん・しなもの
④ はちょう・なみかぜ
⑤ もうひつ・ふでばこ
⑥ へいわ・ひらや
⑦ どうぶつ・たからもの
⑧ そうだん・あいて
⑨ ひにく・けがわ

⑩ 同じ漢字のちがう読み ⑩

① ゆうめい・ある
② やっきょく・めぐすり
③ ようす・かみさま
④ りょかん・たびびと
⑤ ゆうえい・あそび
⑥ どうろ・やまじ
⑦ だいり・かわる
⑧ いみ・あじみ
⑨ りゅうこう・ながれ

⑪ 同じ漢字のちがう読み ⑪

① しよう・あおば
② ようもう・ひつじぐも
③ あんこく・くらやみ
④ ひょうめん・おもてぐち
⑤ てっぱん・いたまえ
⑥ きょういく・そだてる
⑦ うんそう・はこぶ
⑧ すいえい・ひらおよぎ
⑨ かせき・おばけ

⑫ 同じ漢字のちがう読み ⑫

① さっきょく・まがる
② こうふく・しあわせ
③ ようしゅ・おさけ
④ ぜんいん・まったく
⑤ ちゅうもん・そそぐ
⑥ とうふ・まめまき

⑦ ひょうざん・こおりみず
⑧ いいん・ゆだねる
⑨ せかい・よのなか

13 漢字の書き ①

① 医者　② 病院　③ 農業
④ 研究　⑤ 階級　⑥ 君主
⑦ 家具　⑧ 死去　⑨ 白銀
⑩ 湖面　⑪ 区画　⑫ 県立
⑬ 礼服　⑭ 太陽　⑮ 勉強

14 漢字の書き ②

① 予想　② 昭和　③ 理由
④ 文章　⑤ 勝負　⑥ 平等
⑦ 温度　⑧ 十倍　⑨ 本州
⑩ 教育　⑪ 中央　⑫ 文庫
⑬ 童話　⑭ 湯水　⑮ 昔話

15 漢字の書き ③

① 整列　② 小皿　③ 式場
④ 始発　⑤ 目次　⑥ 暑中
⑦ 一族　⑧ 死守　⑨ 受注
⑩ 開会　⑪ 他人　⑫ 手帳
⑬ 麦畑　⑭ 坂道　⑮ 秒速

16 漢字の書き ④

① 悲鳴　② 駅前　③ 第一
④ 期待　⑤ 起立　⑥ 客室
⑦ 感動　⑧ 漢文　⑨ 番号
⑩ 詩人　⑪ 部分　⑫ 両手
⑬ 横丁　⑭ 申す　⑮ 拾う

17 漢字のしりとり ①

① 安全→全部→部品→品物
② 写真→真実→実感→感動
③ 乗客→客車→車両→両親
④ 農薬→薬指→指定→定期
⑤ 他人→人相→相手→手軽

18 漢字のしりとり ②

① 回転→転落→落石→石油
② 交代→代打→打球→球根
③ 漢詩→詩集→集合→合宿
④ 反対→対決→決心→心配
⑤ 駅長→長屋→屋上→上流

19 漢字のしりとり ③

① 全身→身体→体重→重荷
② 飲酒→酒屋→屋台→台所
③ 商品→品物→物体→体温
④ 勉強→強調→調和→和服
⑤ 悪筆→筆箱→箱庭→庭園

20 漢字のしりとり ④

① 心身→身軽→軽食→食事
② 追放→放流→流行→行楽
③ 午前→前歯→歯科→科学
④ 水深→深緑→緑化→化石
⑤ 植物→物事→事実→実感

21 じゅく語づくり ①

① 美　② 運　③ 横　④ 急

22 じゅく語づくり ②

① 決　② 進　③ 代　④ 発

23 じゅく語づくり ③

① 員　② 意　③ 球　④ 所

24 じゅく語づくり ④

① 習　② 者　③ 速　④ 物

25 じゅく語づくり ⑤

① 感　② 実　③ 送　④ 血

26 じゅく語づくり ⑥

① 路　② 面　③ 役　④ 定

27 反対の意味の言葉 ①

① 勝つ　② 上がる
③ 拾う　④ 動く
⑤ ひくい　⑥ 進む
⑦ 深い　⑧ 買う
⑨ 出る　⑩ 軽い

28 反対の意味の言葉 ②

① 登校　② 少数
③ 心配　④ 開店
⑤ 始業　⑥ 予習
⑦ 上水　⑧ 部分
⑨ 短所　⑩ 乗車

29 意味のにた言葉 ①

① 道　② お金
③ 美しい　④ 記す
⑤ いただく　⑥ 開く
⑦ 言う　⑧ しめる
⑨ かける　⑩ つかむ

30 意味のにた言葉 ②

① ねる　② もどる
③ なくす　④ たたく
⑤ 歩む　⑥ 話す
⑦ ながめる　⑧ わらう
⑨ 食う　⑩ いかる

31 送りがな ①

① 悪い　② 苦しい
③ 開ける　④ 始まる
⑤ 起きる　⑥ 調べる
⑦ 決める　⑧ 実る
⑨ 安い　⑩ 集める

32 送りがな ②

① 短い　② 植える
③ 消える　④ 受ける
⑤ 表す　⑥ 落ちる
⑦ 重ねる　⑧ 登る
⑨ 投げる　⑩ 流れる

33 主語とじゅつ語 ①

① 台風が　② はだは
③ スニーカーは　④ ジェットコースターは
⑤ タヌキが　⑥ ウグイスが

34 主語とじゅつ語 ②

① 出かけます　② ねころぶ
③ 打った　④ 長い
⑤ 美しい　⑥ きれいだ

35 主語とじゅつ語 ③

① 子馬が　いななく
② 夏川さんは　人気者だ
③ ふんすいは　ない
④ 冬は　寒い
⑤ おやつは　やきいもです
⑥ 兄さんが　かじった

36 主語とじゅつ語 ④

① 姉は　部長です
② メダカは　泳ぐ

③ メロンは　あまい
④ ツバメは　帰ります
⑤ 色画用紙は　ありません
⑥ 赤ちゃんは　かわいい

37 こそあど言葉 ①

① ㋑　② ㋒　③ ㋐　④ ㋓

38 こそあど言葉 ②

① あれ　② その　③ これ　④ どれ

39 名前言葉 ①

① 姉さん　運転手　女の子
② カエル　ラクダ　トンボ
③ スイカ　トマト　ツクシ
④ あたま　おなか　せなか

40 名前言葉②

① ほう石　コップ　こおり
② 野球場　小学校　市役所
③ きのう　あした　きょう
④ 上がわ　南むき　うしろ

41 ようす言葉

① 赤い　② 白い　③ すずしい
④ きらいな　⑤ ゆかいな　⑥ 美しい

42 動き言葉

① 走る　② なきました
③ 聞く　④ 泳ぐ
⑤ みがく　⑥ 行った

43 国語じてんの使い方 ①

① 1 ウシ　2 カエル
3 サンマ
② 1 かなしい　2 さびしい
3 たのしい
③ 1 くらげ　2 くらす
3 クラス
④ 1 チーズ　2 チーム
3 ちえ

44 国語じてんの使い方 ②

① 1 はす　2 バス　3 パス
② 1 はらはら　2 ばらばら
3 ぱらぱら
③ 1 じゆう　2 じゅう　3 しゅうい
④ 1 ねこ　2 ねつ　3 ねっこ

45 ていねいな文 ①

① ㋑　② ㋐　③ ㋑　④ ㋐

46 ていねいな文 ②

① 図工で、二時間も絵をかきました。
② 二重とびが、やっとできるようになりました。
③ リスのほおは、大きくふくらみます。
④ 四月から、公園の前の道は通れません。

47 ローマ字 ①

① あめ　② いぬ
③ やま　④ あくま
⑤ ものさし　⑥ だんご
⑦ ねこ　⑧ しゃしん

48 ローマ字 ②

① ami　② risu　③ kawa
④ mura　⑤ hosi　⑥ kisya
⑦ tyokin　⑧ kyabetu
⑨ kingyo　⑩ hyakuen

⑪ okâsan ⑫ sansû ⑬ kûki
⑭ gakki ⑮ kippu

A 英語

① アルファベットの大文字 ①
しょうりゃく

② アルファベットの大文字 ②
しょうりゃく

③ アルファベットの大文字 ③
しょうりゃく

④ アルファベットの大文字 ④
しょうりゃく

⑤ アルファベットの大文字 ⑤
1 しょうりゃく
2 ① A ② B
③ C ④ D
⑤ E ⑥ F

⑥ アルファベットの大文字 ⑥
① G ② H
③ I ④ J
⑤ K ⑥ L
⑦ M ⑧ N
⑨ O ⑩ P

⑦ アルファベットの大文字 ⑦
① Q ② R
③ S ④ T
⑤ U ⑥ V
⑦ W ⑧ X
⑨ Y ⑩ Z

⑧ アルファベットの小文字 ①
しょうりゃく

⑨ アルファベットの小文字 ②
しょうりゃく

⑩ アルファベットの小文字 ③
しょうりゃく

⑪ アルファベットの小文字 ④
しょうりゃく

⑫ アルファベットの小文字 ⑤
1 しょうりゃく
2 ① a ② b
③ c ④ d
⑤ e ⑥ f

⑬ アルファベットの小文字 ⑥
① g ② h
③ i ④ j
⑤ k ⑥ l
⑦ m ⑧ n
⑨ o ⑩ p

⑭ アルファベットの小文字 ⑦
① q ② r
③ s ④ t
⑤ u ⑥ v
⑦ w ⑧ x
⑨ y ⑩ z

達成表

勉強がおわったページにチェックを入れてね。問題が全部できて、字もていねいに書けていたら「よくできた」だよ。全部の問題が「よくできた」になるようにがんばろう！

教科	タイトル	学習日	もうすこし	できた	よくできた
算数	1 時こくと時間 ①	／			
	2 時こくと時間 ②	／			
	3 円と球 ①	／			
	4 円と球 ②	／			
	5 3けたのたし算 ①	／			
	6 3けたのたし算 ②	／			
	7 3けたのたし算 ③	／			
	8 3けたのたし算 ④	／			
	9 3けたのひき算 ①	／			
	10 3けたのひき算 ②	／			
	11 3けたのひき算 ③	／			
	12 3けたのひき算 ④	／			
	13 4けたの計算 ①	／			
	14 4けたの計算 ②	／			
	15 わり算 ①	／			
	16 わり算 ②	／			
	17 わり算 ③	／			
	18 わり算 ④	／			
	19 あまりのあるわり算 ①	／			
	20 あまりのあるわり算 ②	／			
	21 あまりのあるわり算 ③	／			
	22 あまりのあるわり算 ④	／			
	23 大きい数 ①	／			
	24 大きい数 ②	／			
	25 かけ算の筆算 ①	／			
	26 かけ算の筆算 ②	／			
	27 かけ算の筆算 ③	／			
	28 かけ算の筆算 ④	／			
	29 かけ算の筆算 ⑤	／			
	30 かけ算の筆算 ⑥	／			
	31 長さ ①	／			
	32 長さ ②	／			

教科（きょうか）	タイトル	学習日（がくしゅうび）	もうすこし	できた	よくできた
算数	33 小数 ①	／			
	34 小数 ②	／			
	35 小数 ③	／			
	36 小数 ④	／			
	37 小数 ⑤	／			
	38 小数 ⑥	／			
	39 三角形 ①	／			
	40 三角形 ②	／			
	41 分数 ①	／			
	42 分数 ②	／			
	43 表とグラフ ①	／			
	44 表とグラフ ②	／			
	45 □を使った式 ①	／			
	46 □を使った式 ②	／			
	47 重さ ①	／			
	48 重さ ②	／			
理科	1 かんさつのしかた ①	／			
	2 かんさつのしかた ②	／			
	3 草花を育てよう ①	／			
	4 草花を育てよう ②	／			
	5 こん虫をさがそう ①	／			
	6 こん虫をさがそう ②	／			
	7 風とゴムのはたらき ①	／			
	8 風とゴムのはたらき ②	／			
	9 かげと太陽 ①	／			
	10 かげと太陽 ②	／			
	11 光であそぼう	／			
	12 明かりをつけよう ①	／			
	13 明かりをつけよう ②	／			
	14 じしゃく	／			
	15 ものと重さ	／			
	16 音のつたわり方	／			

教科	タイトル	学習日	もうすこし	できた	よくできた
社会	1 絵地図 ①	／			
	2 絵地図 ②	／			
	3 地図のきまり ①	／			
	4 地図のきまり ②	／			
	5 地図のきまり ③	／			
	6 くらしと商店 ①	／			
	7 くらしと商店 ②	／			
	8 畑ではたらく人々の仕事 ①	／			
	9 畑ではたらく人々の仕事 ②	／			
	10 工場ではたらく人々の仕事 ①	／			
	11 工場ではたらく人々の仕事 ②	／			
	12 火事をふせぐ ①	／			
	13 火事をふせぐ ②	／			
	14 交通じこをふせぐ	／			
	15 安全なくらし	／			
	16 昔のくらし、今のくらし	／			
国語	1 同じ漢字のちがう読み ①	／			
	2 同じ漢字のちがう読み ②	／			
	3 同じ漢字のちがう読み ③	／			
	4 同じ漢字のちがう読み ④	／			
	5 同じ漢字のちがう読み ⑤	／			
	6 同じ漢字のちがう読み ⑥	／			
	7 同じ漢字のちがう読み ⑦	／			
	8 同じ漢字のちがう読み ⑧	／			
	9 同じ漢字のちがう読み ⑨	／			
	10 同じ漢字のちがう読み ⑩	／			
	11 同じ漢字のちがう読み ⑪	／			
	12 同じ漢字のちがう読み ⑫	／			
	13 漢字の書き ①	／			
	14 漢字の書き ②	／			
	15 漢字の書き ③	／			
	16 漢字の書き ④	／			

教科	タイトル	学習日	もうすこし	できた	よくできた
国語	17 漢字のしりとり ①	／			
	18 漢字のしりとり ②	／			
	19 漢字のしりとり ③	／			
	20 漢字のしりとり ④	／			
	21 じゅく語づくり ①	／			
	22 じゅく語づくり ②	／			
	23 じゅく語づくり ③	／			
	24 じゅく語づくり ④	／			
	25 じゅく語づくり ⑤	／			
	26 じゅく語づくり ⑥	／			
	27 反対の意味の言葉 ①	／			
	28 反対の意味の言葉 ②	／			
	29 意味のにた言葉 ①	／			
	30 意味のにた言葉 ②	／			
	31 送りがな ①	／			
	32 送りがな ②	／			
	33 主語とじゅつ語 ①	／			
	34 主語とじゅつ語 ②	／			
	35 主語とじゅつ語 ③	／			
	36 主語とじゅつ語 ④	／			
	37 こそあど言葉 ①	／			
	38 こそあど言葉 ②	／			
	39 名前言葉 ①	／			
	40 名前言葉 ②	／			
	41 ようす言葉	／			
	42 動き言葉	／			
	43 国語じてんの使い方 ①	／			
	44 国語じてんの使い方 ②	／			
	45 ていねいな文 ①	／			
	46 ていねいな文 ②	／			
	47 ローマ字 ①	／			
	48 ローマ字 ②	／			

教科	タイトル	学習日	もうすこし	できた	よくできた
英語	1 アルファベットの大文字 ①	／	A	A A	A A A
	2 アルファベットの大文字 ②	／	A	A A	A A A
	3 アルファベットの大文字 ③	／	A	A A	A A A
	4 アルファベットの大文字 ④	／	A	A A	A A A
	5 アルファベットの大文字 ⑤	／	A	A A	A A A
	6 アルファベットの大文字 ⑥	／	A	A A	A A A
	7 アルファベットの大文字 ⑦	／	A	A A	A A A
	8 アルファベットの小文字 ①	／	A	A A	A A A
	9 アルファベットの小文字 ②	／	A	A A	A A A
	10 アルファベットの小文字 ③	／	A	A A	A A A
	11 アルファベットの小文字 ④	／	A	A A	A A A
	12 アルファベットの小文字 ⑤	／	A	A A	A A A
	13 アルファベットの小文字 ⑥	／	A	A A	A A A
	14 アルファベットの小文字 ⑦	／	A	A A	A A A